꽃이여, 떠나지 마라

꽃이여, 떠나지 마라

오금자 수필집

수필과비평사

책머리에

첫 번째 수필집을 세상에 내놓는다. 오랜 공직 생활을 마감하고 나온 후, 지난 몇 년 동안 나의 일상은 오직 글쓰기에 바쳐졌다. 아침에 눈을 뜨고 잠자리에 들 때까지 하루하루가 오직 한 편의 좋은 글을 쓰기 위한 고투라고 해도 지나치지 않다.

글쓰기는 인생의 축소라고 사람들은 흔히 말한다. 삶에서 절망은 단순히 희망이 끝나버린 상태로 남는 것이 아니라 이 세상을 다시 살아갈 수 있게 하는 힘이 되게 한다. 불면의 밤을 보내다가 미명未明의 시간에 깨어 책상머리에 어지럽게 흩어진 원고를 바라보며 나는 다짐했다. 진정한 작가란 세상에서 헐벗고 아린 것들과의 대화를 통하여 말할 수 없는 침묵의 소리를 듣고 그것을 언어로 표현해 내어야 하는 사람이어야 한다고.

글쓰는 일 외에 요즘 내가 하는 가장 중요한 일은 꽃들과 대화를 나누는 일이다. 꽃은 나의 가장 소중한 가족이며 친구이다. 이른 새벽부터 작은 정원에서 꽃들과 서로의 아픔과 슬픔을 이야기한다. 꽃들과 나누는 어떠한 언어도 헛되다는 것을 알고 있다. 서로의 얼굴을 부비며 마주하고 있지만, 꽃은 말할 수 없고 이 세상과 이야기를 나눌 수도 없다. 서로 바라보고 있지만 깊은 소통을 나누기에는 인간과 꽃 사이의 간격은 아득하다. 꽃들은 얼마나 메마른 대기 속에서 그 소중한 향기를 허비해야 하는지, 그들은 결국 색채도 향기도 아닌 바스러져 가는 잔해만 남기고 사라질 것이 아닐까.

그렇지만 꽃은 매일 더욱 아름답게 피어나 향기로운 몸짓으로 사람들을 부른다. 꽃은 하나의 생명으로 태어나 이 세상에 간곡한 사랑의 마음을 보여준다. 꽃은 사람처럼 헛된 맹세도 하지 않고 배신도 하지 않는다. 내가 꽃을 사랑하는 것은 말 없는 생명이 지니고 있는 저 간절한 사랑의 마음 때문이다. 꽃들은 생명이 사라져 가는 세상을 위해 빛과 향기로 마지막 노을빛 순정을 보이고 있다.

이 책에 실린 대부분 글은 내가 만나 사랑한 꽃과 나무들로 채워져 있다. 문학은 이 세상의 모든 생명을 표현하기 위해 존재하는 것이고, 진정한 시인과 작가의 마음은 바로 꽃과 나무를 위한 사랑의 표현이 아닌가. 이 세상에 꽃과 나무, 벌과 새가 없다면 어떻게 될 것인가를 한 번씩 생각해 본다. 아무리 "꽃은 웃어도 소리가 들리지 않고, 새는 울어도 눈물이 보이지 않는다."고 하지만, 오직 꽃과 새를 사랑하는 마음으로 정말 좋은 글을 쓰고 싶다. 그러니 꽃이여, 떠나지 마라!

어려운 시간을 함께 지켜준 가족들, 문학 공부를 하는 동료들에게도 감사한다. 문학이 무엇인지 눈뜨게 해주고, 넓고 아득한 문학의 바다로 이끌어 주시는 허상문 교수님께는 머리 숙여 고마움을 전한다.

책을 발간해 주신 서정환 회장님과 많은 조언과 질정을 해주신 유인실 주간님께도 각별한 마음을 전한다.

2024. 초가을

오금자

| 차례 |

■ 책머리에 _ 4

1부

물의 생명, 수련 _ 12
이팝나무의 밥상 _ 18
수선화의 시간 _ 23
들국화 지는 자리 _ 29
달의 요정 달맞이꽃 _ 36
벚꽃 엔딩 _ 42
라일락 꽃향기는 바람에 날리고 _ 48

2부

복수초 피던 언덕 _ 54

위미 동백 _ 60

인동초의 세월 _ 66

장미의 이름으로 _ 71

해당화 피고 지고 _ 77

민들레 가는 길 _ 81

서귀포 감귤꽃 _ 87

3부

슬픈 물망초 _ 94

목련의 얼굴 _ 100

안개꽃 인생 _ 105

해녀 어머니의 박꽃 _ 110

기다리는 능소화 _ 116

돌아온 제비꽃 _ 122

복사꽃 연가 _ 128

4부

꽃이여, 떠나지 마라 _ 136

聖 숲 俗 _ 142

탁란托卵 _ 149

겨울나무 곁에서 _ 154

자작나무 숲에서 _ 160

오동잎 떨어지고 _ 166

팽나무, 꿈을 꾸다 _ 171

사랑의 찬가 _ 177

5부

할머니의 몸국 _ 184

갱이죽 _ 189

벽난로 앞에서 _ 194

낙엽의 미덕 _ 199

노을에 기대어 _ 205

마매기당 _ 211

작은 행복 _ 216

하얀 운동화 _ 222

| 작품해설 | 허상문(문학평론가, 영남대 명예교수)

생성과 소멸, 꽃으로 읽는 세상–오금자의 수필 세계 _ 228

1부

물의 생명, 수련

이팝나무의 밥상

수선화의 시간

들국화 지는 자리

달의 요정 달맞이꽃

벚꽃 엔딩

라일락 꽃향기는 바람에 날리고

물의 생명, 수련

작은 연못에 수련꽃이 활짝 피어있다. 연못에서는 물그림자와 함께 춤을 추는 꽃들의 향연이 벌어진다. 물에 비친 수련꽃에서 새로운 세상을 발견한 것처럼 마음이 풍성해진다. 낮에 피고 밤에 지는 꽃, 수련睡蓮은 한여름 동안 연못을 환하게 밝혀준다.

프랑스 철학자 바슐라르는 조용한 수면에 떠 있는 "백조의 고상한 알" 같은 수련 꽃봉오리가 찬란한 "새벽의 순간을 알린다." 고 쓰고 있다. 수련은 여름 새벽이 일으키는 기적이자 미적 계시의 순간처럼 피어있다. 수련이 지니고 있는 청순한 빛과 함께 작은 연못에서는 생명의 퍼덕임이 일어나고 있다. 물속에서는 여러 생명이 살아서 수런대며 움직인다. 살아서 움직인다는 것은 누구에게나 소중하고 경건한 일이다.

하얀 눈꽃 같은 수련이 작은 입을 벌려 물을 들이마신다. 연못

에서는 새롭게 나타난 생명들이 수련과 한몸이 되어 살아 움직인다. 연못 한쪽에서 '쏴아~' 하고 물 가르는 소리가 들린다. 검둥오리 한 마리가 작은 연못 위에 내려앉아 유유히 떠다니고 있다. 어딘가 알을 낳을 장소를 물색하고 다니는가 보다.

연못의 정적을 부수면서 물속을 헤엄치고 다니는 곤충도 보인다. 털 많은 굵은 뒷다리를 쭉쭉 뻗으며 날쌔게 헤엄치는 물방개다. 마치 발사된 로켓처럼 엄청난 추진력을 지니고 달려간다. 죽은 곤충의 사체까지도 먹어 치워 물속의 청소부라는 별명을 갖고 있다.

풀숲에 자리 잡은 개구리 한 마리는 머리를 내밀고 따듯한 햇살을 즐긴다. 금붕어들이 무리 지어 노닐다가 들고양이들이 습격해오면 우르르 수련잎 속으로 숨어버린다. 물속에서는 온갖 생명이 서로 경쟁하듯 살아 움직이고 있었다. 모두 물의 슬하에 모인 생명들이다. 생명은 물에서 태어나 물에서 살아간다.

어머니 뱃속의 부드러운 물에서 둥실둥실 떠다닌다. 어머니 몸의 물속에서 내 생명은 탄생했다. 흔들리는 물의 바다에 누워 구름을 바라보면서 하늘을 날고 싶었다. 빨리 어머니의 탯줄을 벗어나 저 멀리 강으로 바다로 달려가고 싶다. 물은 생명을 만들고 생명을 지운다. 모든 존재는 물에서 태어나 빛과 희망을 키워내었다. 나에게 생명을 준 어머니는 물속의 수련같이 야무지고도 아름다운 여인이었다. 가족을 위해서는 바다같이 너른 가슴을 지니고 있었고, 인생을 위해서는 빛과 어둠을 모두 품을 줄 아는 지혜로운 사람이었다. 어머니처럼 따뜻한 물로 흐르는 강이 되고 바다가 되어 사람들과 세상을 적셔야 하지만 물은 갈수록 거칠어져 가고 있다.

노아의 방주 이래 인간은 거친 물속에서 살아남아야 했다. 세상에 악이 만연한 것을 슬퍼한 하느님은 노아의 방주로 세상을 다시 만들려고 생각했다. 그렇지만 홍수는 약한 자는 죽이고 강한 자만 살아남게 했다. 인간은 자신도 모르게 더 강해져야 살아남는다고 생각하면서 사력을 다해 물속을 헤엄쳤다. 나도 젊은 날에는 항상 물의 상류 쪽으로만 헤엄쳐 가고 싶어 했다. 위로 올라가야만 살아남는다고 생각했지만, 이제는 모든 물이 모여들어 바다로 흘러드는 하류의 마지막이 더욱 궁금하다. 갈수록 물은 거칠어지고 사람들은 난폭해진다. 고요의 바다에서 태어난 사람은 격랑의 바다로 나아가며 표류한다. 거친 물결 속에서 질량으로 표현할 수 없는 감정과 말들, 사랑한다는 말, 그립다는 말은 사라져 가고 있다.

수련은 흐린 물에서 아름다운 꽃을 피워낸다. 희망을 이야기하는 곳에는 어김없이 한줄기 빛으로 나타난다. 불교에서는 흙탕물에서도 깨끗하게 피어나는 수련과 연꽃을 청결하고 신성한 존재로 여긴다. 더러운 곳에 있어도 세상에 물들지 않고 맑은 본성을 간직하면서 밝고 향기로운 꽃으로 피어나는 것으로 본다. 한여름의 무더위 속에서 꽃이 피고 지는 모습을 보면서 신비로운 생명의 기운을 느낀다. 맑지 않은 물속에서 맑은 삶을 살아가고자 하면서 온갖 아픔과 슬픔을 이겨낸 수련이다. 부처님 오신 날이 되면, 자주 가는 절의 연못에도 수련꽃이 활짝 핀다. 나의 간구를 들을 리 없지만, 부질없이 수련에게 세상의 평안을 빌어 본다.

화가 모네는 실명의 상황에서도 빛에 따라 달라지는 수련의 모습을 그리기 위해 붓을 놓지 않았다. 눈이 잘 보이지 않는 상태에서 죽어가면서도 화가는 수련의 빛과 생명을 보고자 했다. 모네는 "대상을 바라보기 위해서는, 바라보는 대상의 이름을 잊어야 한다."라고 말했다. 바람결에 하늘대며 조는 듯이 피어 있는 아름다운 수련의 모습은 나를 즐겁게 한다. 그렇지만 수련이 담고 있는 청순한 마음과 꿈과 사랑을 읽지 못한다. 나는 오직 대상의 외면에만 매달려 살아가고 있는 것이 아닌가. 수련에 담긴 생명의 무게와 그 순수한 마음의 깊이를 볼 수는 없는 것일까.

여름 새벽의 물속에서 수련은 새롭고 변화무쌍한 생명력을 보여준다. 물은 그 속에 꽃의 생명을 담아낸다. 꽃 한 송이가 피기 시작하면 연못의 물 전체가 동요를 일으킨다. 오늘따라 연못의 잔물결이 크게 파문을 일으킨다. 물결이 일렁일 때마다 마음이 흔들린다. 수면 위에 돋아오른 꽃잎에는 잴 수 없는 슬픔의 심연이 담겨 있다. 그 심연에 무엇이 담겨 있는지를 알아내기 위해선 물속으로 들어가 수련의 뿌리와 마주앉는 수밖에 더 있겠는가.

구름이 멀리서 검은 비구름을 부른다. 연못에 비가 툭툭 내리는

가 싶더니 얼굴 위로 거친 빗방울이 떨어진다. 온몸의 세포 속으로 생명의 기운이 밀려 들어온다. 빗물이 몸과 마음에 새로운 생명의 움직임을 일으킨다. 물은 나를 태어나게 하고 세상을 일으켰다. 비를 받아들이며 연못 속에서 살고 있던 생물들도 모두 소리를 지르며 꿈틀대며 일어나기 시작한다. 찬비를 맞은 수련도 몸과 마음을 활짝 연다. 가련한 수련꽃 한 송이를 바라보면서 내 마음은 얼마만큼 무거운 생명을 담아낼 수 있었을까. 수련과 내 생명의 무게는 얼마나 다를까.

가을별이 뜨고 어둠이 들면 수련도 어디론가 떠나야 할 것이다. 사람들은 수련의 모습을 기억하지 못하며 저녁의 가장자리로 들어간다. 작은 연못의 수면 위를 서성이던 수련꽃들이 잠자리에 들기 위해 집으로 돌아갈 때, 먼 하늘에 걸려 있던 별들이 내려와 수련 곁에서 함께 걸어주었다.

이팝나무의 밥상

이팝나무는 오늘도 분주하다. 새하얀 쌀밥을 지어 온종일 동네 사람들에게 나누어주기 위해 여기저기 날아다닌다. 봄날의 따사로운 햇살 아래에서 꽃을 피우던 나무들도 서산으로 기우는 해와 함께 하루를 마감한다. 노곤한 일상을 접고 성급하게 얼굴을 내민 달빛과 눈맞춤을 한다. 저물어 가는 언덕에 기댄 나이 든 소나무도 벌써 졸고 있다.

어스름 달빛 조명에 젖어 있던 이팝나무 꽃잎은 바람결에 날리다가 내 빈손 위로 떨어진다. 단단하게 나무에 매달려 있지 못하고 무엇이 그리 급한지 작은 바람에도 어디론가 날아간다. 꽃잎은 흰쌀밥을 지어 누군가에게 전하고자 하는 마음으로 바쁘다. 생을 다하지 못하고 떨어지는 꽃잎을 보는 것은 슬픈 일이다. 하지만 누군가와 같이 밥을 먹을 수 있는 저녁이 온다는 것은 기쁜 일이다. 슬픔과 설렘을 담은 또 다른 꽃잎이 톡 떨어진다.

이팝나무 꽃잎은 고슬고슬하게 갓 지은 하얀 쌀밥처럼 무리를 이루며 피어난다. 입하入夏에 피는 이팝나무에서 '이팝'은 꽃의 모습 때문에 생긴 이름이다. 알알이 핀 하얀 꽃의 모습이 마치 쌀밥(이밥)을 닮았다고 해 '이밥'이라고 부르다가 이팝으로 바뀌었다. 또 꽃이 많이 피면 풍년, 그렇지 않으면 흉년이라고 해 신목神木으로 여겨졌다.

밥상에 둘러앉아 밥을 먹을 때면 어머니는 어려운 보릿고개 시절을 넘기며 힘들게 살아왔던 기억을 되뇌곤 하셨다. 봄이 완연해지고 보리가 패어서 여물기 시작하면 굶는 사람이 많았다고 한다. 흉년으로 가을걷이가 적으면 굶주림으로 겨울을 지내야 했다. 그래서인지 어머니는 밥을 남기거나 음식을 버리는 것을 유난히 싫어했다. 한 톨이라도 밥을 남기는 날이면 어머니의 매서운 눈총은 피하기 어려웠다.

어디서나 밥값을 하는 사람이 되어야 한다고 어머니는 입버릇처럼 말씀하셨다. 어릴 때는 이 말의 뜻이 무엇인지 알 수 없었지만, 나이가 들수록 세상에서 밥값 하는 사람으로 살아간다는 것은 그리 쉬운 일이 아니라는 것을 조금씩 알게 되었다. 나는 밥값 하는 사람으로 살아왔던가. 가정에서 사회에서 책임을 다하는 사람으로 살아왔는지 반문해 본다. 안개 자욱한 세상에서 밥을 짓듯 정성을 다하는 마음으로 살아야 한다. 꽃을 피우고 그 꽃으로 밥을 짓는 마음으로 모든 일에 최선을 다하고 삶에 감사하며 살라고 어머니는 당부하였다.

“밥은 먹었느냐.” 어디선가 어머니의 목소리가 들린다. 아궁이에 불 지피는 마른 손에는 부지깽이가 쥐어있었고 두 눈에는 이팝나무꽃이 피었다 지고 있다. 아궁이에서 마른나무들은 제 몸을 태우며 식구들을 위해 타오르고 있다. 눈이 매워 눈물을 흘리고 목이 메어 기침을 계속하면서도 어머니는 가족을 위해 밥을 해야 한다는 성스러운 지성을 잠시도 그만두지 않았다. 밥은 절망에서 일구어낸 희망이며 상처의 슬픔에서 만들어진 기쁨이 되었다. 가족의 텅 빈 마음을 채움으로 가득하게 하던 밥, 나는 누군가가 그리운 날, 위로가 필요한 날 어머니의 밥을 생각한다. 어머니의 밥은 아침에 우리를 가슴 설레게 하는 빛으로 왔다가 저녁에 우리를 잠들게 하는 평화로 데려갔다.

어머니의 밥 사랑은 커다란 빛으로 남아있다. 아이들을 키우며 밥을 한 숟가락이라도 더 먹이기 위해 노심초사하던 마음을 이제야 알게 되었다. 그 마음은 눈덩이처럼 커지면서 큰 빛으로 가슴에 남았다. 어머니가 먹여준 밥으로 내 몸과 마음이 이루어졌고 이만큼 살아왔으니 빛덩어리임은 틀림없다. 철들지 않는 자식의 아픔을 달래려는 듯 아직도 나를 보면 눈물을 글썽댄다. 여태 제 앞가림조차 못하며 사는 걸 아시는지, 쓸쓸하고 힘든 인생을 살아가는 너는 아직도 배가 고프구나 하면서 또 저녁을 지으신다. 아궁이에서 불 지피는 어머니의 모습은 세월이 저만치 가도 한결같은 마음자리로 내 가슴속에 달빛처럼 서성인다.

사람들은 잘 먹고사는 데 분주해 밥의 소중함을 잊고 산다. 밥이 주는 희망을 생각지 않는다. 얼마 전 아프리카 산악국가 레소토라는, 세상에서 가장 가난한 나라가 소개되었다. 그곳 사람들에게 유일한 양식은 정글에서 나온 과일과 오염된 물뿐이다. 뱃속에서 나는 꾸르륵대는 소리를 들으며 아침을 시작하고 저녁을 맞는다. 그들의 배고픔의 언저리로 절망의 비명이 들린다. 그 모습을 바라보고 있으면 '식사는 하셨는지요.' '나중에 밥 한번 같이 합시다.' 하는 우리들의 흔한 일상적인 인사가 부끄럽기만 하다.

밥이 없어지고 미래에 대한 희망은 사라져 가고 있다. 밥을 굶어본 사람만이 안다. 밥이 우리에게 얼마나 소중한 것인지. 쌀 한 톨 속에는 누군가의 생명이 담겨 있고 우주가 들어있다. 흰밥이 어두운 입으로 들어가 인생과 세상을 밝게 해준다는 것을 비로소 알게 되었다. 밥은 빛이었다. 어머니가 먹여주는 밥을 받아먹으며 나는 세상의 빛을 볼 수 있었다.

청춘의 봄은 가도 기다림의 봄은 남아있다. 이팝나무 앞에 서서 어머니와 함께 보낸 날들을 기억해 본다. 어머니를 요양병원으로 모시고 가는 차 안에서 나는 흐느끼며 말했다. "어머니의 딸이어서 참 좋았어요. 저에게 먹여준 밥 덕분에 이렇게 세상에서 살고 있어요. 이제는 제가 어머니에게 밥을 지어드릴게요." 이 쉬운 말이 나오기까지 육십 년이 넘는 세월이 흘렀다. 이 당연한 몇 마디의 말을 하는 일이 왜 그렇게 힘들었을까. 어머니가 아궁이에서 해주던 흰밥을 먹으며 가족들이 오순도순 이야기 나눌 시간도 사라질 거라고 생각하니 눈물이 앞을 가렸다. 요양병원을 빠져나오는 앞마당에서 이팝나무가 어지럽게 날리고 있었다.

빈 가슴 위에 이팝나무 꽃잎이 흰쌀밥처럼 떨어진다. 새하얀 꽃잎은 가족과 이웃을 위한 어머니의 간곡한 기도처럼 바람에 날린다. 올해는 이팝나무 꽃송이가 풍성하게 피어나 풍년이 들었으면 좋겠다. 이팝나무 꽃잎을 소복이 모아 쌀밥을 지어 어머니 밥상에 올려야겠다.

수선화의 시간

마당에 쌓인 눈을 뚫고 수선화가 활짝 피어있다. 수선화는 겨우내 숨죽이고 있다가 봄이 되면 당당하게 모습을 나타낸다. 긴 겨울의 고난을 이겨내고 당당하게 자기 모습을 드러낸다. 꽃들은 마주보고 웃으며 서로에게 인사를 건넨다. 무더기를 이룬 수선화 향기가 퍼져가기 시작하면 사람들은 꽃 곁으로 모여든다.

이른 아침 수목원으로 차를 몰았다. 길옆 가장자리에는 아직도 겨울 끝자락이 남아있다. 눈 속에 핀 수선화의 아름다운 자태가 아롱아롱 다가온다. 꽃과 사랑을 나눌 때보다 행복한 시간은 없다. 새벽바람 속에 노란 눈망울을 반짝이며 오가는 사람들과 눈인사를 주고받는다. 긴 겨울을 지내고 깨어난 꽃 중에서 수선화만큼 아름다운 꽃이 있을까.

바람결에 하늘거리는 수선화는 모진 바람과 한설을 맞으며 수

없이 고뇌의 시간을 보냈다. 세찬 눈보라 속에서도 온 힘을 다해 흔들리는 몸을 지탱하며 밤하늘의 별을 바라보기 위해 올곧이 서 있었다. 꽃을 피워내기까지 기다림의 시간 동안에 아프고 힘들어도 참았다. 슬픔이 가랑비가 되어 수선화 머리 위에 내린다. 겨울을 지내온 쓸쓸한 삶의 궤적이 드러난다.

꽃은 피어도 열매를 맺지 못하여 바람결에 향기만 날릴 뿐인 수선화에는 슬픈 이야기가 담겨 있다. 나르키소스는 얼굴이 예쁘고 잘생긴 청년이었다. 그는 뭇 소녀들의 흠모를 받았으나 그 누구의 마음도 받아주지 않았다. 나르키소스는 결국 복수의 여신 네메시스로부터 자기 자신과 사랑에 빠지는 벌을 받게 된다. 그 후 이성과 사랑을 나눌 수 없어서 열매를 맺지 못하는 운명을 지닌 꽃이 되었고, 수선화라는 예쁜 이름을 가지고 있지만 아픈 상처를 간직하게 되었다.

슬픈 존재의 꽃인 수선화를 가만히 들여다보고 있으면 나의 모습이 되살아난다. 아득하게 사라진 시간 속에서 흘러간 삶을 돌아본다. 수선화는 노란 별로 다시 피어났다. 저 멀리 밤하늘의 아름다운 별을 볼 수 있는 것은 어둠이 존재하기 때문이다. 수선화는 별을 너무 사랑한 나머지 밤을 두려워하지 않게 되었다. 별과 꽃은 서로 인정하고 사랑하는 마음을 가지게 되었다. 비록 어둠 속에 잠길지라도 한줄기 별빛으로 떠오르고 싶었다. 진정으로 별을 사랑하는 마음은 밤을 무서워하지 않는다. 밤하늘의 무수한 별들도 수선화의 마음을 담고 있을 것이다.

수선화는 자기 사랑과 자존심이라는 의미를 지닌다. 이 꽃말은 사람들에게 자신을 되돌아보게 만든다. 눈 내리는 1월에 태어난 나는 수선화를 좋아한다. 사회생활을 하는 동안 나르시시즘에 빠져 있었던 적이 많았다. 누군가와 나누는 대화의 중심에 서려 했고, 어디선가 자신을 과시하려는 교만한 생각에 젖기도 했다. 동료들보다 먼저 승진하고 주요한 보직을 받으면 최고인 양 자기만족에 빠졌다. 그러지 못하면 존재의 가치와 성취욕도 상실했다.

자기만족은 끊임없는 노력으로 자신의 가치를 형성하며 한 걸음씩 나갈 때 느끼는 희열감이다. 이런 희열감이 자기도취라 할지라도 나는 행복했다. 결과를 얻은 뒤에 집으로 돌아가는 길에 밤하늘을 수놓은 별들은 아름다웠다. 그렇지만 간혹 이 세상에 혼자 내던져져 있다는 생각이 밀물과 썰물처럼 다가왔다 사라졌다. 진심으로 누군가에게 내 곁을 내어준 적이 있었던가. 무언가를 빼앗기거나 상처 입은 사람들을 슬퍼해 주거나 보상하기는커녕 그들의 눈물을 외면했다. 아파하는 사람들에게 따뜻한 가슴을 열어주지 못했다. 그때 그들에게 따뜻한 마음을 내어주었다면 수선화같이 외로운 삶을 살게 되지는 않았을 것이다.

언제부터인가 인생길이 여행길을 닮았다는 생각이 든다. 정거장에서 누군가를 만나고 잠시 쉬었다가 때가 되면 다시 길을 떠나는 것처럼 인생은 여행길이다. 거미줄이 씨줄과 날줄로 짜여 있듯이 세상은 끝없는 만남과 헤어짐으로 이루어져 있다. 서로에게 사랑을 베풀고 연민의 정을 느끼며 살았더라면 어차피 오고 가는 이승길과 저승길이 뭐가 그리 슬플 것인가.

추사 김정희 선생만큼 수선화를 사랑한 사람도 드물 것이다. 추사는 수선화를 바라보면서 “매화는 고상하지만 뜰을 벗어나지 못하는데, 맑은 물에서 해탈한 신선을 보게 되는구나.”라고 노래했다. 선비의 지조와 절개를 상징하는 매화와 비교하면서 수선화를 ‘해탈 신선’으로 극찬하였다. 뜰안에 자리 잡은 매화와 달리 추운 겨울 들판에서 외롭게 꽃을 피우고 있는 수선화의 모습에서 자신을 바라본 것이다.

수선화에 엮인 사연마다 애절하지 않은 것이 없다지만 어찌 추사의 수선화 사랑과 비교될 수 있을까. 모든 고통은 인내하는 시간에 비례한다. 헐벗음, 아픔, 그리움을 모두 자신의 운명인 것처럼 견뎌내고 노란 꽃망울이 빳빳한 자존심을 세우며 웃고 있다. 자신만을 사랑할 수밖에 없는 외로운 운명을 지니고 피어났다 해도 수선화를 외면할 수 없다.

사람들은 가끔 눈물도 흘리고 외로운 시간을 부대끼며 살아간다. 밝았다가 어두웠다가 점멸하는 등대처럼 빛과 어둠 속을 살아가야 하는 것이 인생이 아니던가. 세상을 살아가는 데 당당한 자존심 하나를 품고 수선화처럼 도도하게 살아갈 수만 있다면 슬프지 않겠다. 수선화는 눈물을 담고 있는 꽃이다. 한겨울 추위를 여린 꽃잎에 거둬들인 채 겨울엔 겨울 편이 되고, 봄이 오면 봄 편이 되어야 했다. 그 쓰린 마음속에 얼마나 아픈 사연이 많겠는가. 그렇지만 겨울이 지나고 봄이 오면 노란 꽃을 피워내는 저 당당한 자존심!

가만히 수선화 꽃잎을 만져본다. 지난 세월 속에 숨긴 굳은 의지가 가슴에 와닿는다. 너는 겨울을 피해 잠시 피어난 꽃이 아니라, 온 힘을 다해 새로운 생명의 길을 열고 태어난 꽃이구나. 수선화가 활짝 피어난 꽃길이 눈앞에 열린다. 너는 내 운명이 되어 꽃 피고 지는 날이 얼마나 소중한 시간인지를 보여주었다. 피었다가 떨어지고 앞이 보이지 않을 때마다 '이제는 그만두자, 돌아서자.' 수없이 망설이고 절망하던 시간을 이겨내고 마침내 이곳에 당도했다.

봄이 무르익어 갈 즈음, 수선화는 아름다운 꽃을 다 떨구고 떠나갈 것이다. 그렇지만 가슴에 남은 아픔을 다 버리고 나면 다시 꽃 필 날이 올 것이고, 봄바람과 함께 쓰러진 수선화는 맑은 아침 이슬로 피어날 것이다.

들국화 지는 자리

마른 잎이 가을바람에 바스락 소리를 내며 흔들린다. 익어가는 가을은 흰 재채기를 하며 조금씩 다가오고 있다. 가을이 되면 하늘도 바람도 쓸쓸하다. 차가운 바람이 불어오면서 나무와 꽃이 마지막 향기를 내뿜는다. 지난여름의 찬란함을 여미고 수확이 끝난 들판에 한잎 두잎 아쉬움이 쌓이는 시간이다.

길섶에는 들국화가 여기저기 피어있다. 밤하늘에 떠 있는 작은 별들처럼 들국화는 무리를 이루고 들판에 피었다. 지난밤 남몰래 피워낸 꽃잎이 바람에 파르르 떨리고 있다. 가을 햇살을 받으며 꽃망울을 피우는 일은 산고의 아픔만큼이나 숭고한 일이다. 시간이 지나면 들국화는 사라지겠지만, 다시 가을이 오면 저무는 황혼의 들판을 수놓을 것이다.

직장 생활을 마무리하고 퇴임을 앞둔 즈음 무슨 일을 해볼지

고민하던 중, 제일 먼저 시작한 일이 봉사활동이다. 오래전 외국 연수할 때 보았던 자원봉사활동이 생각났다. 그곳에서는 어릴 때부터 다른 사람을 돕는 일이 일상화되어 있었다. 이기적인 삶이 보편화된 일상에서 누군가를 위한 삶을 살아야 한다는 생각을 해보았다. 타인을 위한 배려에서 시작되는 봉사활동은 마음속에서 피어나는 작지만 따뜻한 불꽃이다.

매주 화요일 노인복지관에 급식 봉사를 하러 가는 날은 가장 소중한 시간이 되었다. 노인들의 얼굴과 봉사활동에 참여한 사람들의 얼굴이 겹치고 지나간다. 무료 급식을 받으러 오는 어르신들은 나보다 먼저 세상을 살아오신 분들이다. 그분들을 만나면 일찍 돌아가신 아버지 생각에 가슴이 메어온다. 번번이 효도 한번 못한 불효가 낮달처럼 가슴 한쪽에 아련하게 걸려 있다.

이른 아침부터 급식소는 활기차게 북적거린다. 복지관에는 온갖 사연을 가진 노인들이 모여든다. 주름진 얼굴에는 세월의 아픔이 절절히 배어있다. 가을 들판에서 우수수 흔들리는 나뭇가지 같이 앙상한 모습의 할아버지, 찬 서리 내리는 새벽녘 들국화의 작은 꽃잎에 매달린 이슬 같은 할머니, 그들은 모두 마지막 꿈을 꾸며 어둠 저쪽을 응시하고 있다. 밥을 먹으며 앉아 있는 할머니와 할아버지의 굽은 등을 바라보면 왠지 눈물이 난다. 굽은 등에는 고난과 슬픔의 흔적만 남아있다. 아름답던 청춘의 시간은 노을처럼 빨리 져버리고 세월의 자국은 굽은 등으로 휘어져 있다.

단골손님인 김 할아버지가 자리에 앉으며 어색하게 뒤따라온 할머니를 아내라고 소개한다. 그동안 혼자 급식소에 왔지만, 어느 여름날부터 할머니를 데리고 왔다. 할머니는 거동이 상당히 불편해 보였다. 몇 주 동안 할머니를 부축하여 데리고 와서 다정하게 밥도 먹여주고 따뜻하게 손도 잡아주곤 하였다. 사랑한다는 것은 누군가의 삶에 빠져들어 아픔과 슬픔을 함께 나누는 일이다. 서로의 아픈 가슴을 보듬어 주고 안아주는 것이다. 단순히 다른 사람을 보호하거나 도와주는 선행을 베풀기 위해 사랑하는 게 아니다. 사랑한다는 것은 안과 밖을 나누지 않고 흘러가는 강물과 같은 것이다.

가을바람이 불어올 즈음, 매주 보이던 김 할아버지 부부가 보이지 않았다. 가까이 지내던 노인에게 소식을 물으니, 할아버지는 돌아가시고 돌볼 사람이 없는 할머니는 요양원으로 갔다고 한다. 다정히 밥을 먹던 두 분 모습이 떠올라 급식소의 식사 분위기는 숙연해졌다. 어떤 할머니는 인생무상이라며 눈물을 훔친다. 종일 우울한 기분으로 마음이 편치 않았다. 할머니와 할아버지가 나누었을 대화가 귓가에 수런댄다.

"당신을 두고 먼저 떠납니다, 집으로 가는 길을 혼자 가게 내버려 두고, 이제는 밥도 먹여주지 못하고 먼저 갑니다. 힘들고 어려워도 잘 지내다가 저세상에서 다시 만나요."

할머니가 답한다. "당신 혼자 이렇게 멀리 가버렸네요. 잠에서 깨어나도 쉽게 일어날 수 없어요. 아름다운 저녁노을과 함께 나도 이제 곧 떠나야지요. 이 세상에서 당신과 함께 살 수 있었던 것이 얼마나 큰 행운인지 몰라요."

어둠의 창밖에서 흔들리는 들국화를 바라보며 멍하니 생각에 젖어 있다. 할머니는 언어를 잃어버린 것처럼 말이 없었다. 먼저 간 사람은 남자이지만, 살아남은 여자는 또 다른 슬픔과 외로움을 안고 우두커니 앉아 있다. 밤마다 등불 앞에서 바람 소리를 들으며 슬픔은 계속되었다. 들국화를 흔들던 바람은 파도처럼 밀려왔다 떠나갔다. 할아버지가 가신 후에 홀로 요양원에 남겨졌던 할머니는 한 달도 되지 않아 세상을 떠나고 말았다.

가족과 사회로부터 소외된 할아버지와 할머니들은 오늘도 쓸쓸하게 죽음을 맞이한다. 고독하고 가난한 삶을 이어오다 혼자 떠나야 하는 현실은 추수를 마친 가을 들판처럼 외롭고 슬프다. 어제까지 건강하게 급식소를 찾던 김 노인도 박 노인도 갑자기 모습을 드러내지 않는다. 삶과 죽음은 늘 가까이에서 손짓하고 있었다. 나뭇잎이 떨어질 때마다 상처 같은 눈물이 뚝뚝 떨어진다.

들국화는 바람 부는 등성이에 홀로 피어나 찾는 사람이 없어도 한마디 불평을 하지 않는다. 그저 속으로만 슬픔을 삭이며 묵묵히 참아낼 뿐이다. 스스로 향기를 뿜어 내기 위한 들국화의 몸부림이 얼마나 아프고 힘들었을까. 그 마음을 알아주고 달래주던 시간마저도 저만치 사라져 가고 있다.

할머니도 장미나 우아한 백합처럼 활짝 피고 싶었을 것이다. 누가 아무도 돌보지 않는 들국화로 피고 싶었겠는가. 할머니는 가을이 깊어 꽃잎이 흩어져 날리는 소리를 들었을 것이다. 사람이나 꽃이나 필 때는 찬란하지만 사라질 때는 허무하게 떠나간다. 산다는 것은 속으로 사위어 가는 눈물이기에 혼자만의 흔적으로 남는지 모른다.

모든 이별은 바람결에 꽃잎이 떨어지듯 사라져가는 것이다. 백일 동안 피는 꽃은 없다지만 찬란했던 청춘도 한순간에 꽃잎처럼 떨어지고 만다. 덧없이 찾아온 생명의 마침표 앞에 영원할 줄 알았던 사랑의 시간도 소리 없이 사라졌다. 가을날 햇빛은 아직 너무 밝은데 꽃은 다 떨어지고 사랑하던 사람도 떠나갔다.

여름이 지나고 가을이 오듯이 삶에도 겨울이 찾아온다. 지는 석양을 말없이 바라보다 살아온 시간이 순간임을 알게 된다. 인생길에서 밝음과 어둠은 자리를 바꾸며 나타나고 사라졌다. 그 어떤 시련이 닥쳐오더라도 삶은 아름답다. 살아있다는 사실 자체만으로도 삶은 축복이다. 곡식을 모두 거두어들인 텅 빈 밭에서 마지막 남은 이삭을 주웠다. 누군가에게 아직도 못한 마지막 말들을 전하고 싶었다.

하루해가 저문다. 내일이면 저세상 어딘가에서 할머니와 할아버지는 인연이라는 둥근 식탁에 앉아 또 다른 식사를 나눌 것이다. 눈부셨던 봄날의 햇살을 추억하며 들국화는 또다시 피어날 것이다.

달의 요정 달맞이꽃

지루하게 쏟아지던 장맛비가 마침내 그쳤다. 오랜만에 맑은 하늘에 보름달이 두둥실 떠올랐다. 달맞이하기 위해 동네 뒷동산으로 올랐다. 동산 공터에는 군데군데 샛노란 꽃이 피어있다. 달맞이꽃이다.

나지막한 언덕에는 어릴 적 친구들과 뛰놀던 흔적이 그대로 남아있다. 다람쥐, 산토끼, 장끼가 친구가 되어 함께 뛰어다니던 놀이터였다. 여자아이들은 달맞이꽃을 꺾어 예쁜 꽃다발을 만들기도 했다. 많은 시간이 흘렀지만, 노란 달맞이꽃은 여전히 흐드러지게 피어 나를 반갑게 맞아준다.

달맞이꽃은 태양이 높이 떠 있는 낮 동안에는 아름다운 얼굴을 드러내지 않는다. 온종일 입 다물고 기다리다가 밤이 되어야 환한 얼굴을 보여준다. 저녁에 활짝 자기 모습을 드러내며 피었다

가 아침에 시든다. 밤에만 피어나는 달맞이꽃은 비밀스러운 만남을 기다리는 연인들 같다. 밤이 되면 마법을 부리는 요정처럼 들판을 노랗게 물들인다. 산골 마을이 온통 하얀 달빛으로 물들고 거무스레한 산그림자가 출렁이기 시작하면 달맞이꽃이 달 마중을 위해 나타난다. 달맞이꽃은 미처 잠들지 못한 풀벌레와 들꽃들과 대화를 나누기 시작한다.

달맞이꽃은 '기다림'의 꽃말을 담고 있다. 누군가를 기다린다는 것은 힘들고 고달픈 일이다. 해 질 무렵에 피기 시작해 밤에 활짝 피어나기 때문에 '월견초月見草' '야래향夜來香' '야화夜花' 같은 신비롭고 아름다운 이름을 지니고 있다. 고요한 밤의 정적 속에 피어난 야화는 그윽한 향기를 풍기며 사람들 마음을 사로잡는다. 낮 동안 부끄럽게 숨어 밤이 되기를 기다리다가 마침내 활짝 피어 누군가의 마음을 빼앗는다. 달빛 아래 피기를 기다리다 피어나는 꽃의 모습처럼 아름다운 풍경이 또 있을까. 이런 풍경을 표현해 주듯 "얼마나 기다리다 꽃이 됐나/ 달 밝은 밤이 오면 홀로 피어/ 쓸쓸히 쓸쓸히 미소를 띠는/ 그 이름 달맞이꽃"이라는 대중가요의 노랫말이 사뭇 시적이다.

기다림의 마음을 담고 있는 달맞이꽃에 얽힌 인디언의 전설은 가슴을 아리게 한다. 태양신을 숭배하며 낮에 주로 활동하는 인디언들과는 달리 인디언 처녀 로즈는 밤을 더 좋아했다. 추장 아들과 연인 사이였던 로즈는 애인의 선택을 기다렸지만, 연인은 다른 여인을 선택해 버렸다. 사랑한 사람에게 버림받고 눈물로 달만 쳐다보다 죽어 피어났다는 애절한 전설이 깃든 꽃이 달맞이꽃이다. 달 밝은 밤에 쓸쓸한 미소로 피어나는 달맞이꽃의 어스름 달빛 아래 고개 숙인 모습이 애련하다.

낮이 태양의 빛과 함께 활기차게 활동하는 시간이라면, 밤은 어둠 속에서 새로운 생명을 잉태하는 시간이다. 밤은 어둠으로만 머물러 있지 않고, 곧 새벽이 밝아오고 낮을 준비하는 시간이기도 하다. 달을 사랑하는 달맞이꽃은 밤에만 피어나는 꽃이지만, 인간에게는 낮과 밤이 필요하다. 매일매일 밝음과 어둠을 경험하면서 살아가는 조화가 모든 생명을 존재하게 하는지 모른다. 밤은 등불을 켜는 시간이다. 낮 동안의 번잡과 경쟁을 모두 거두고 밤에는 평화와 휴식이 찾아온다. 세상이 모두 고요로 빠져드는 시간, 그때 나타난 달과 달맞이꽃은 창백한 영혼이 잠든 누군가의 집에 나타나 그들의 파수꾼이 되어준다.

달은 세상의 모두를 다 비춘다지만 자신은 비추지 못한다. 해가 사라진 밤에 지구를 비추어 주는 달은 다른 별들처럼 스스로 빛을 내지 못하고 태양 빛을 반사해 빛을 낸다. 잠시 후 해가 사라지면 달이 나타날 것이고, 달이 사라지면 다시 해가 떠오를 것이다. 영원한 불멸의 시간은 없다. 달이 뜨면 달맞이꽃도 나타나게 된다. 그러면 낮의 미움도 다툼도 사라지고 고요의 시간 속에서 평화로운 세상을 꿈꾸게 될 것이다. 달맞이꽃은 차라리 외롭고 쓸쓸할망정 이 밤이 더디게 가라고 기도한다. 달맞이꽃만큼 밤을 사랑하는 꽃은 없다.

불면의 밤을 보낸 적이 있었다. 잠을 쉽게 이룰 수 없었고, 생각의 꼬리는 길어져 망상은 끝없이 계속되었다. 여명이 트는 새벽까지 잠 못 이루고 깊은 사색은 이어졌다. 세상의 시간은 째깍거리며 흘러가지만 해는 뜰 생각조차 않고 있다. 불면에 시달린 사람은 안다. 불면은 사색의 자유를 가져오는 것이 아니라 이어지는 생각 속에 나를 유폐하는 것이다.

삶은 하루를 어떻게 사는가에 달린 것이다. 하루하루를 치열하게 열심히 산다면 밤이 오더라도 후회는 없을 것이다. 잃어버린 밤의 시간에 달을 맞이하게 되었고 달맞이꽃을 사랑하게 되었다. 달맞이꽃을 바라보면서 꽃과 나는 다르지 않다고 생각했다. 찬란한 밤하늘에 뜬 달을 바라보듯이 달이 되고 꽃이 되었다. 물에 비친 자신의 아름다운 모습에 반한 나르키소스처럼 달맞이꽃에 투영된 나와 달은 둘이 아니라 하나였다.

세상에서 가장 믿음직스럽고 소중한 것은 무엇일까? 인생을 살면서 우리는 마지막 순간까지 누군가를 기다린다. 기다림이 없는 삶은 곧 절망을 의미하는 것이다. 기다림은 지루하고 초조하게 정지된 시간이 아니다. 과거와 미래를 넘나들며 꾸는 꿈이고 희망이다. 새로운 만남과 시작으로 통하는 디딤돌이며 건너야 할 다리이다. 기다림은 더 많이 참을 수 있게 하고, 더 먼 것을 볼 수 있게 한다. 캄캄한 어둠 속에서도 빛을 가져올 수 있게 하는 마음과 같은 것이다.

밤이 찬란한 아침의 시간을 맞게 되는 것은 기다림의 시간을 견뎌왔기 때문이다. 어둠은 또 다른 아침을 잉태하고 기다림의 시간을 온몸으로 머금고 있다. 사계절 중에서 죽음의 시간으로 표현되곤 하는 겨울을 견뎌내는 것이야말로 진정한 기다림의 시간이다. 기다림은 꼭 만남을 목적으로 하지 않아도 된다. 만남이라는 결과 못지않게 기다림의 과정도 소중하고 애틋한 것이기 때문이 아닐까.

온 세상이 죽은 듯이 고요하고 쓸쓸한 어둠 속에 젖어 있다. 이 어둠이 아무리 쓸쓸하고 힘들어도 달은 눈부시게 피어난 달맞이꽃을 앞세우고 밝음의 시간을 기다린다. 달맞이꽃은 빛이 없는 동굴 안에서도 밝고 찬란한 희망을 품고 새로운 아침을 꿈꾼다. 오늘도 어둠 속에서 밝음을 기다리며 달맞이꽃이 속삭인다. "이제 곧 밝음의 시간이 올 거예요."

벚꽃 엔딩

아침 햇살이 봄을 잔뜩 머금고 있다. 나무에서는 꽃송이가 몽실몽실 피어난다. 긴 어둠 속에서 이파리 하나 피우지 못하던 꽃들에도 또 봄이 왔다. 그동안 꼭꼭 접어두었던 꽃술을 활짝 열고 마침내 봄이 왔다. 돌아온 봄은 어머니의 다정한 목소리처럼 산천초목을 일어나라고 깨운다. 더디고 나른한 시간을 안고 피어난 벚꽃들도 하늘하늘 손짓한다.

온 세상이 파릇파릇한 생명의 옷을 입었다. 벚꽃은 하얀 옷을 곱게 차려입고 우아하게 피어있다. 지난겨울 어느 품속에 꼭꼭 숨어있다가 뒤늦은 발걸음으로 나타나 아름다운 자태를 뽐내고 있는 것일까. 찬란한 봄날에는 온 세상이 꽃으로 가득하다. 분홍색, 흰색, 연둣빛으로 물든 꽃들은 신이 내려주신 선물 같다. 만발한 작은 꽃송이가 사람들을 유혹한다. 길섶에는 할미꽃, 제비꽃, 냉이가 지천에 소담스럽게 피어나 있다. 봄의 세상에서 가장 반가운 것은 피어나지 않을 것 같았던 꽃들을 다시 만나는 일이다.

부드러운 봄바람이 볼을 간지럽히는 벚꽃길을 따라 하염없이 걸어본다. 벚꽃이 피면 항상 소식을 전해오던 친구가 있었다. "친구야, 우리 동네에 벚꽃이 만발했어. 우리는 언제 벚꽃 나무 아래를 함께 걸을 수 있을까." 해마다 자기가 사는 곳에 벚꽃이 피었다는 소식을 알려주던 친구다. 찬란하게 피어난 벚꽃의 시작이 그랬듯이 우리의 인생도 아름답게 끝나기를 소망했다.

예쁜 마음을 가진 친구는 벚꽃같이 활짝 피어보지도 못한 채 낙화하고 말았다. 어쩌면 하얀 벚꽃처럼 일찌감치 훌쩍 떨어지는 자유를 선택했는지 모른다. 힘들게 맺은 인연과도 같이하지 못하고 아이를 혼자 키우며 살던 친구다. 고단한 삶을 혼자 살아서인지 벚꽃 피는 계절을 유독 좋아했다. 세상에서 피었다가 떠나는 것이 어디 벚꽃뿐일까. 모든 인연은 잠시 머뭇거리는 사이에 사라진다. 인생살이도 그렇다. 마지막 순간까지 아름답게 살다 헤어지면 좋겠지만, 필 때는 영원을 약속하지만, 떨어지는 것은 순간이다.

꽃잎이 하르르 하르르 떨어지며 거리에 날린다. 바람결에 꽃잎이 흔들린다. 손을 내밀어 벚꽃잎을 손등에 올려본다. 저 꽃잎들은 떨어지면서 무엇을 남기려 하는가. 벚나무 아래에는 봄바람이 일렁거린다. 하염없이 날리는 꽃잎을 바라보면 먼저 떠나간 친구가 유난히 그리워진다. 벚꽃잎은 여인의 삶과 같다는 생각을 해

본다. 누구든지 행복한 삶을 꿈꾸며 시작하지만, 만족한 삶은 그리 쉽게 오는 것이 아니다. 친구의 삶도 다르지 않았다. 짧은 시간에 잠시 피었다 사라지는 벚꽃, 그 벚꽃처럼 연인의 사랑도 친구의 삶도 덧없이 흘러간다.

아름답게 벚꽃이 휘날리던 날, 병상에서 잡은 친구의 손은 싸늘하게 식어 있었다. 숨이 차도록 아프기만 하던 나날도 한순간으로 흘러갔다. 소망하던 행복의 시간은 한 송이 꽃이 되어 사라졌다. 병실의 불빛이 어둡게 꺼진 것을 보면서 친구가 떠난 것을 알았다. 길고 긴 한 그늘에서 또 다른 그늘로 건너가기에는 너무 짙은 어둠이었다. 말없이 돌아서서 가는 사람을 뒤로하고 아침이 되면 꽃은 여전히 피고 질 것이다. 오늘도 벚꽃길을 달리는 자동차 위로 꽃나비들이 분분하게 쏟아져 내리고 있었다.

벚꽃 놀이를 함께하자던 친구와의 약속은 끝내 지키지 못했다. 기나긴 인생에서 한번 만나 벚꽃 놀이하는 일이 어찌 그리 힘든 일이었던가를 생각하니 끝없는 회한이 밀려온다. 살아가면서 누구에게나 시간은 주어진다. 그 시간은 존재의 '있음'을 알려준다. 흩어지며 날리는 벚꽃은 하얀 쪽배처럼 멈추지 않고 '없음'의 시간을 향해 나아간다.

눈 감으면 떠오르는 모습도 시간이 흘러가면 점차 퇴색되어 간다. 그 사이 벚꽃은 흐드러지게 피었다 졌다. 아픔도, 기쁨도, 우정도, 흐르는 시간 앞에 또 다른 삶으로 피어났다 져버린다. 한순간의 봄과 한 조각의 사랑과 한 시절의 벚꽃도 끝났다.

벚꽃 엔딩! 어느 노랫말에 나오는 것처럼 "봄바람 휘날리며 흩날리는 벚꽃잎이" 지는 것은 삶의 마지막 풍경이다. 하늘에서 벚꽃을 시샘하듯 비가 내리면 꽃잎은 비에 젖어 떨어진다. 남은 꽃잎은 푸른 잎사귀 뒤에 몸을 숨긴다. 떨어지는 꽃잎은 우리를 슬프게 하지만 그들은 언젠가 또 나타난다. 벚꽃은 봄이 되면 돌아오지만 내 곁의 사람들은 자꾸 떠나고 그리움만 남긴다.

벚꽃이 떨어지지 않고 항상 볼 수 있다면 사람들은 벚꽃에 저리 열광하지 않을 것이다. 이별도 마찬가지다. 기쁨만 간직하고 살아간다면 슬픈 일은 존재하지 않을 것이다. 만개한 꽃은 오래 기다려 주지 않는다. 비바람만 살짝 스쳐도 하나둘 흩어져 떨어지고 만다. 사람도 나이가 들어가면서 늙어간다. 만약에 사람이 죽지 않고 영원히 산다면 세상은 사람들로 넘쳐 생지옥이 될 것이다. 떠나가는 것은 슬픈 일이지만 복된 일이다.

벚꽃과 함께한 시간도, 사랑을 나누던 사람도 결국은 사라진다. 사라져 가는 것은 또 다른 것을 잉태하기에 아름다운 것인지도 모른다. 잠시 찬란하게 피었다가 바람결에 분분히 날려가는 벚꽃이지만 자신의 삶을 투정하지 않는다. 왜 자신에게 더 긴 생명을 주지 않느냐고 불평하지 않는다. 작은 바람에도 이리저리 날리며 마지막을 장식하지만, 벚꽃은 이 세상과 사람들을 위해 기도한다. 누군가와 나눈 견고한 약속을 지키기 위해 봄비를 맞으며 산화한다.

세상에 존재하는 것들은 사라지고 저마다의 기억으로 남는다. 벚꽃도 잠시 피었다가 떨어져 제 가치를 상실하듯 우리의 삶도 벚꽃과 무엇이 다를까. 삶이란 길고 짧은 것으로 구분되어 있을 뿐이다. 꽃잎은 떨어져서 없어지지만 다른 삶을 기약하며 또 다른 선택을 기다린다. 모든 생명은 흔들리는 삶 속에서도 떠나는 몸과 마음을 붙잡고 돌아올 분홍빛 봄을 맞이하려 한다. 마지막을 놓아버린 친구의 미소는 꺼져가는 희미한 불빛이 되어 어른대고 있었다.

저녁나절 분분히 나리는 벚꽃을 바라보면서 혼잣말을 해본다. 친구야, 산다는 것은 사랑한다는 것이야. 봄이 오기를 기다리고 벚꽃이 피고 떨어지는 것을 보면서 사랑하는 것이야. 벚꽃의 시절은 그렇게 끝나가고 있었다. 머리 위로 벚꽃 이파리들이 눈물같이 뚝뚝 떨어지고 있다.

라일락 꽃향기는 바람에 날리고

비와 바람이 잠시 주춤하는 시간이다. 마당을 둘러보다가 빗방울을 잔뜩 품고 있는 꽃들에 눈길이 머문다. 정원에 나와 꽃들과 눈맞춤을 하다 보면 심란했던 몸과 마음이 한결 가벼워진다. 꽃들은 어찌 저리 아무런 근심도 없이 순정한 미소를 지으며 우리에게 속삭여 오는지.

봄이 오면 라일락 꽃향기가 마음을 어지럽힌다. 라일락이 피는 계절에는 언제나 가벼운 몸살을 앓는다. 화무의 찬란함으로 가슴 설레는 봄날이 오면 몸은 더 심한 열병을 앓는다. 많은 꽃은 그 색깔의 화려함으로 사람들의 눈과 마음을 흔든다. 또한 다채로운 꽃들의 향기는 우리의 감각을 자극해 온다. 백합이나 장미는 아름다운 향기로 다가오지만, 라일락의 향기는 어느 꽃에도 질 수 없다. 익히 알려진 노래 〈베사메 무초Besame Mucho〉는 키스를 해달란 뜻이다. 오죽하면 리라꽃(라일락) 향기 가득한 돌담길에서 사랑하는 사람의 키스를 받고 싶다고 할까. 살랑대는 봄바람에 실려 오는 라일락 꽃향기는 그 어느 꽃향기보다 매혹적으로 진한 여운을 남긴다.

라일락의 계절이다. 여기저기서 연보라와 하얀 라일락 꽃들이 구름처럼 피어있다. 지금 사는 집으로 이사 와서는 아예 정원에 라일락 나무를 심어버렸다. 정원에는 벌써 몇 번의 봄이 출렁이며 왔다가 흘러갔다. 세월 속에 젊음은 어디로 가버리고 초로의 여인이 라일락 꽃향기를 찾아 그리움을 달래고 있다. 꽃은 언어로 말하지 않고 향기로 말을 걸어온다. 오래도록 기다리게 해서 미안하다는 말 대신에 짙은 향기를 보내온다. 라일락 꽃이 피던 시간은 하루, 한 달이 지나 어느새 5월을 지나간다. 라일락이 지닌 '젊은 날의 추억'이라는 꽃말대로 밤하늘의 수많은 별을 바라보며 지난 추억을 소환하여 본다.

긴 머리에 웃음 짓는 눈동자에 비친 별빛을 바라보며 우리는 밤 늦도록 노래를 불렀다. 꽃향기에 취한 듯 흰나비가 되어 밤하늘을 너울너울 날아다녔다. 내 젊은 날은 어떤 향기로 주위를 아름답게 했을까. 라일락 향기였을까, 치자꽃 향기였을까. 향기는 바람이었고 푸른 하늘이었다. 우정이었고 꿈이었다. 라일락 향기를 들숨으로 마시며 알파치노가 주연한 영화 〈여인의 향기〉를 떠올린다.

〈여인의 향기〉라는 영화 제목만 보면 로맨스 영화 정도로 아는

이들이 많다. 이 영화를 보기 전까지 나도 그렇게 생각했다. 하지만 이처럼 멋진 인생 영화가 또 있을까. 극 중에서 시각장애인인 프랭크는 탱고를 함께 춘 아름다운 여인에게서 풍기는 향기만으로도 여러 종류의 비누 이름을 알아맞힌다. 매혹적이고 아름다운 도나의 모습을 눈으로 보지는 못하지만, 오로지 향기로만 그녀를 느낀다. 눈으로만 사물을 보는 것이 아니라, 마음으로 읽는 형상이 더 고귀하고 깊다는 것을 보여준다. 생을 마감하려던 슬픈 마음을 프랭크는 기억의 향기 주머니로 살아갈 이유를 찾는다.

한 번쯤은 영화 속 주인공이 되어 탱고를 추고 싶어진다. 탱고는 두 사람이 몸으로 나누는 우아한 언어다. 자신이 몸이 움직임을 알고 상대방을 이해해야 가능해지는 춤이 바로 탱고다. 에로틱한 유희를 한 껍질 벗어버리고 몸과 영혼이 하나로 어우러지는 드레스 끝자락에 눈길이 머문다. 춤은 만고불변의 언어다. 춤추는 사람들은 하나의 언어와 몸짓이 되고 꽃과 나비가 되어 어울린다.

인생을 산다는 것은 참으로 어려운 일이다. 마치 미로를 헤매듯이 비틀거리다 다시 일어서기를 반복한다. 미래는 불안하고 과거는 후회의 흔적을 남기며 머물러 있다. “인생은 스텝이 꼬이기도 하는 탱고 춤과 같은 것”이라는 영화 속 대사는 탱고가 한 사람의 인생과 같다는 여운을 남긴다. 사랑과 이별을 모두 담아내는 춤이 탱고이다. 시행착오 속에서 상실과 고통을 맛보고 그 속에서 피어나는 작은 행복을 기억하며 살아내는 것이 인생이 아닌가. 고통이 지난 후에야 비로소 진정한 삶의 환희를 느낄 수 있듯이 고통 없는 성취는 때로 무의미하다.

젊은 시절에는 넘쳐나는 시간을 주체할 수 없었다. 아무리 낭비해도 시간은 없어지지 않는 것으로 생각되었다. 얼마나 많은 시간을 헛되이 보내며 뒹굴뒹굴 삶을 허비했던가. 그러다 보니 어느새 늙음이 찾아왔다. 이제는 한순간 한순간이 아깝지만 시간은 잡을 수는 없는 것이다. 젊은 시절의 찬란하던 꿈과 시간은 모두 어디로 가버렸는지.

젊은 날을 생각해 보면 인생의 방향도 가치도 모르며 그저 좌충우돌하던 풋내기 삶이었다. 인생길은 고행의 시작이라고 하지만 맞닥뜨린 길마다 낯설었다. 언제나 새로운 선택의 갈림길 앞에서 주저하며 망설였다. 걸어가는 길이 너무 빠르면 동료들의 시기와 질투의 대상이 되었고, 느슨하면 무능한 사람이라는 손가락질을 받았다.

젊은 시절 그리워하던 라일락 꽃향기를 따라 새로운 길로 나아가고 싶다. 어디에서도 다가오는 라일락 꽃향기처럼 나를 기다리는 그대여, 시간이 지난 뒤에도 꽃이 되어 다시 만나자. 이제는 새로운 달력을 보려고 하지 않는다. 꽃이 스스로 피고 지듯이 때로는 빠르게 때로는 느리게 살아가는 대로 맡겨 볼 참이다. 오고 싶은 자는 오게 하고, 떠나고 싶은 자는 떠나게 하면서 너를 지켜보겠다.

변덕 없는 색과 향으로 살아가는 꽃은 제 마음을 누군가에게 말하지 않으면 아무도 그 마음을 알아채지 못한다. 꽃 속에서 한 영혼이 태어나고 한 영혼이 잠든다. 라일락 꽃이 수줍게 인사하던 날, 시작된 떨림은 오래전 젊은 시절에 꾸었던 꿈이고 아득함이었다. 우리가 사랑을 이루고 삶의 희망을 기다리며 살다가 마침내 인생의 종착역에 내릴 때 어디선가 라일락 꽃향기가 풍겨 올 게다.

라일락 꽃향기에 취해 종종거리며 걸었던 친구들은 어디서 무엇이 되어 있을까. 지금쯤 모두 지나간 시간을 그리워하고 앞으로 얼마 남지 않은 시간을 안타까워하고 있을 것이다. 라일락꽃이 질 무렵이면 그들을 다시 만날 수 있을까. 바람결에 소식이라도 전해 들었으면 좋겠다. 꿈속에서 친구들을 만나 라일락 이야기를 나누고 있는데, 봄비가 세차게 내리며 단잠을 깨운다.

라일락이 풍기는 향기는 지나온 삶의 풍경들처럼 아련하다. 꽃향기는 아주 가까이 다가가지 않아도 어느새 달려와 꽃내음을 전한다. 오늘밤에는 유별나게 별빛이 찬란하게 빛나고 있다. 라일락 꽃향기가 은빛 날개에 실려 별에게로 날아간다.

2부

복수초 피던 언덕

위미 동백

인동초의 세월

장미의 이름으로

해당화 피고 지고

민들레 가는 길

서귀포 감귤꽃

복수초 피던 언덕

발이 시리다. 미처 떠나지 못한 겨울 끝자락이 언덕에 남아있다. 얼어붙은 꽃잎을 휘도는 바람이 차갑게 느껴진다. 바람결에 눈발이 날린다. 눈송이가 눈앞을 어지럽히면 아직도 떠난 사람이 그립고 만날 사람과 나눌 사연이 있을까 하는 생각이 든다. 잔설이 쌓인 먼 산 깊은 곳에서 한숨과 시름이 솟구쳐 나온다.

어수선한 마음을 달래려고 오름을 오른다. 노란 꽃에 시선이 멈췄다. 겨울 같지 않은 날씨가 며칠 이어지더니 마침내 복수초가 피었다. 햇살에 녹아내려 드문드문한 눈길 사이로 노란 꽃잎이 빼꼼히 얼굴을 내밀고 있다. 아침 이슬을 얼굴에 흠뻑 뒤집어쓴 채 밤새 불면의 밤을 보냈는지 얼굴이 수척하다. 꽃잎은 아침 햇살에 눈이 부신 듯 고개를 숙이고 있다. 햇병아리 같은 어여쁜 꽃, 봄의 전령사가 오름 언덕을 덮고 있었다. 할말은 많은데 이 계절에서

저 계절로 가는 길목에서 기다려야 하는 침묵이 힘겹다.

겨우내 기다리다 간신히 겨울옷을 벗어 던지고 언덕에 나앉았다. 봄을 기다리는 사람들은 성급하다. 겨울도 저물어 마지막 추위를 다 토해내고 마침내 새싹 틔우는 봄을 맞이하게 되었다. 복수초는 인고와 기다림의 시간을 마치고 나의 친구로 환생했다. 지난 추위가 봄날의 노란 꽃이 되어 피어난 것이다. 누군가의 사랑과 행복을 위한 엄숙하고 아름다운 소임을 마쳤다.

황금색 꽃을 머리에 이고 얼음 사이로 피어나는 복수초는 오랜 추위를 잘 견뎌왔다. 어머니가 뱃속에서 자식을 품고 있듯이 땅속에 숨어서 꽃을 피워낼 준비를 했다. 꽃에 시선이 가는 것은 꽃잎을 둥글게 펼치고 주위를 녹이는 따스한 느낌 때문이다. 복수초처럼 나를 희생하여 타인에게 온기를 줄 수 있는 사람이 되고자 했지만 그렇지 못했다. 바람과 추위에 오가도 못하는 꽃으로만 피었다. 겨울 막바지 언덕에 자리 잡고 앉은 노란 꽃은 나에게 다가와서 시린 마음을 함께 달래고자 했다.

복수초는 더 높은 곳에서 살고 싶었다. 잠시라도 들판의 가장 높은 곳에서 제일 고운 꽃이 될 수 있다면 얼마나 좋을까. 사랑하는 사람의 가슴에 안기는 꿈을 꾸며 언덕 위로 달려가 본다. 아침이면 이슬과 함께, 저녁이면 노을과 함께 눈길을 주고받았다. 솔가지 끝에 맺힌 이슬은 슬픔의 눈물로 고이 간직했다. 저녁이 오면 노을을 머리에 이고 솔가지, 솔잎, 바람을 초대해서 조촐한 저녁 밥상을 차렸다. 살아가는 일은 기쁘고 행복하다가도 슬프고 서럽기도 한 것이다. 수많은 날을 겨울바람 앞에 서 있어야 했던 복수초는 외로운 혼자일 뿐이었다.

바람이 분다. 흔들리지 않으려고 몸을 꼿꼿이 세워 보았다. 날아가지 않으려고 옷깃을 여미어 본다. 바람 앞에서는 언제나 속수무책이었다. 아무리 몸부림을 쳐도 바람은 사정없이 나를 흔들어댔다. 그러나 바람은 바람일 뿐, 결국 고요해지고 사라질 거다. 흔들릴지언정 떨어져서는 안 된다. 절망에 빠지고 어둠 속을 헤매어도 가라앉지는 않아야 한다. 바람 부는 산그늘 속에서 저물어갈지라도 더는 슬퍼하거나 절망하지 말자. 속속들이 아픈 상처를 이겨내는 꽃, 아픔이 큰 꽃일수록 더욱 곱고 향기가 나는 법이다. 아픔 속에서도 사랑과 행복은 피어난다.

바람 앞에서 흔들렸지만 복수초처럼 봄을 알리는 꽃으로 피어나 '영원한 사랑', '영원한 행복'을 기다렸다. 그렇지만 영원한 사랑과 영원한 행복은 없었다. 세상의 고달픈 바람에 흔들리며 끝없는 사랑과 행복으로 남는 사람은 없는가 보다. 사람들은 쉽게 만나고 쉽게 헤어진다. 영원한 행복을 찾는 것은 더욱 힘들었다. 틸틸과 미틸 남매는 행복의 파랑새가 자신들 새장 안에 있다는 사실을 알고 있었지만, 추억의 나라와 밤의 궁전을 헤매고 다녔다.

행복이 담긴 복수초를 집으로 데려오고 싶은 욕심이 생겼다. 꽃을 집 마당에 심어두면 오름에 오르지 않아도 예쁜 꽃을 볼 수 있고 행복도 찾아오게 될 것이라고 믿었다. 아침저녁으로 정성을 쏟아 물을 주고 보살펴 주었지만, 꽃은 좀처럼 자라지 않았다. 노란색 꽃잎은 점차 갈색으로 변색되어 고개를 숙였다. 헛된 욕심 탓에 가엾은 한 생명이 겨울바람 속으로 날아가 버렸다.

행복을 위한 인간 욕심의 끝은 어디까지일까. 오늘도 내가 엮은 동아줄, 내가 만든 감옥에 갇혀서 살아간다. 이 굴레에서 벗어나야 세상에서 보람 있는 존재로 살아갈 것이다. 욕심으로 가득 찬 마음은 우주를 떠돌다 어느 나루터에 버려진 낡은 조각배처럼 허망한 것이다. 세상에 소중히 피어났던 샛노란 생명은 동행의 길을 접고 가련하게 떠나고 말았다.

봄은 기다림의 시간이다. 복수초는 힘들고 고달픈 시련에 맞서 겨울을 견디어 왔다. 겨울은 벌거벗은 나무와 시든 꽃을 사랑한다. 흰 눈 뒤집어쓴 복수초가 꽃잎을 세상에 내밀며 온몸을 부르르 떤다. 이제 힘든 시간 보내고 다시 꽃을 피울 시간이다. 언제나 봄의 시간은 긴 기다림 후에 늦게 왔지만, 복수초는 성급하지 않고 시간의 흐름에 초연하다.

겨울의 끝자락에 피어난 복수초와 그 곁에서 소곤대는 꽃들은 봄날에 새순 돋듯 활기롭다. 꽃을 보면 볼수록 사무치는 그리움이 무논을 채우며 일렁거린다. 지나온 삶을 되돌아보니 왜 그리 바쁘고 힘들게 살아왔는지 모르겠다. 따사로운 햇살 속에서 복수초의 얼굴을 쓰다듬는다. 조금만 더 기다리면 봄이 활짝 다가와 힘들었던 삶을 위로해 줄 것이다. 마음을 내려놓고 잠시 쉬어 가야겠다. 언덕 위에서는 또 다른 복수초가 모습을 드러낼 준비를 하고 있다.

희망을 알려줄 봄이 오면 꽃망울이 피어나는 소리가 복음처럼 세상으로 퍼져나간다. 맨 처음 달려온 아침 햇살과 함께 복수초가 이른 잠을 깨고 살며시 눈을 뜬다. 복수초 피던 언덕 위로 찬란한 봄날 햇살이 살그락 살그락 다가왔다.

위미 동백

울창한 위미의 동백숲을 찾아갔다. 아름드리나무 사이로 따듯한 햇살이 들락거린다. 빨갛게 달아오른 동백꽃은 갓 시집온 새색시의 붉은 볼처럼 부풀어 있다. 짙푸른 나뭇잎에는 초록의 생명이 무럭무럭 피어나고 있었다. 온기를 찾은 숲속 생물들의 날숨과 들숨은 어느새 겨울이 가고 봄이 왔음을 알려준다. 동백숲이 있는 내 고향 위미는 자연과 인간이 함께 숨쉬는 곳이다.

위미는 사계절이 아름다운 풍경으로 사람들 발길을 사로잡는다. 잔설이 남은 마당의 눈 위에는 동백꽃이 핏빛같이 뚝뚝 떨어져 있었다. 사람들은 동백꽃을 슬픈 꽃이라고 생각한다. 한 시절 아름답게 피었다가 온몸을 던져 낙화하는 모습을 보면서 4 · 3의 아픈 역사와 그 속에서 사라져간 가족들을 기억한다. 동백은 사람들이 살아온 일과 그 시간을 생각하며 꽃이 되어 떨어지고 다

시 피었다. 언제나 그렇듯이 삶의 언어는 비루하지만, 꽃의 언어는 아름다웠다. 동백은 숲속 새들의 군무를 바라보며 중얼거린다. '그래 힘들지만 잘 살아왔어.'

동백의 꽃과 잎은 남다른 힘을 지니고 있다. 사철 푸르름을 간직한 동백은 자기만의 꼿꼿한 절개를 품고 있는 듯하다. 대나무나 소나무도 푸르름을 자랑하지만, 어디 동백나무에 견줄 수 있을까. 동백은 한겨울 찬바람 속에서도 자태를 뿜어내는 나무다. 눈덮인 나뭇잎 사이로 피어난 동백꽃이 오늘따라 유난히 붉다. 꽃들이 봉지를 열고 붉은 꽃망울을 터뜨리고 있다. 참다못해 마침내 터뜨린 울음 같은 붉은 동백에는 세상의 마지막 슬픔과 기쁨이 담겨 있는 듯하다.

위미 사람들은 동백을 닮았다. 위미爲美! 이웃을 사랑하면서 더불어 살아가고자 하는 아름다운 미덕을 지닌 사람들이 모여 사는 곳이다. 서로 존중하고 협력하면서 공동체 의식을 지니고 살아가는 동네이다. 위미가 속한 서귀포 사람들은 온화한 성품과 아름다운 자연풍광처럼 희망적인 삶을 살아가고자 하는 마음을 가졌다. 그들에게 동백은 슬픈 꽃이 아니라 아픔과 슬픔을 이겨내고 기쁨과 희망을 전해주는 꽃이다. 아픔도 미움도 껴안으면 모두 동백이 되었다.

오빠의 결혼식 날이다. 온 동네가 잔치 분위기로 들썩인다. 아낙네들은 옹기종기 모여 음식을 만든다. 오빠 친구들은 동백꽃으로 장식한 아치를 집 입구에 설치한다. 대나무에 동백꽃을 엮어서 풍선과 오색 줄을 장식하면 잔치 분위기가 무르익는다. 동백꽃이 동박새에게 노란 꽃술을 내어주듯이 새로운 가족의 탄생은 눈꽃 속에 핀 희망이다. 동백이 알찬 열매를 맺으면 멀지 않아 아이가 태어나고 또 한 명의 가족이 된다. 낮과 밤의 시간은 새 생명을 키워가고 그에게 이 세상을 보여준다. 그러면 그는 세상 속에서 은빛 햇살을 받으며 한평생을 살게 된다.

동백은 추운 계절에도 외롭다고 하지 않는다. 묵묵히 제자리에서 오고 가는 사람들의 눈길만 받을 뿐이다. 홀로 외로이 피어나 달빛 아래 거니는 연인들의 등불이 되어준다. 한겨울의 눈보라 속에서도 고고한 모습을 지키며 푸르름을 잃지 않는 동백꽃은 절개를 지키는 여인의 꽃이다. 동백은 녹색의 잎과 적색의 꽃을 간직하며 피었다가 진다.

오랜만에 고향을 방문한 나를 위미 동백은 환한 웃음으로 맞아준다. 동백숲을 찾아온 사람들로 고향길은 더욱 넉넉해졌다. 사람들은 동백꽃을 쳐다보면서 "예쁘다."라는 말을 연발한다. 영혼 없는 마음으로 동백꽃을 보면 그냥 예쁜 꽃 중의 하나겠지만, 나에게 동백은 특별한 의미를 지니는 꽃이다.

물질하는 어머니가 자식들을 위해 온몸을 던지며 살아왔듯이, 동백도 처절한 몸부림으로 열매를 맺고 꽃을 피운다. 열매를 맺는다는 것은 새로운 생명의 시작이다. 동백은 여름에는 태풍, 겨울에는 눈보라를 묵묵히 맞으며 홀로 견디며 살았다. 우리가 어둠 속에서 빛을 찾아 방황하고 있을 때도 동백은 혼자 산고를 치르며 피고 졌다. 밀감이 익어가고 있을 때 동백은 혼자 서러운 영혼을 이끌고 위미의 어느 따듯한 집에 도착했을까.

친정집 모퉁이에 자리 잡은 동백숲은 나와 동생들의 놀이터였다. 간식거리가 없던 시절, 동백꽃은 달콤한 먹을거리였다. 아이들 웃음소리에 섞여 더 달콤했던 것 같다. 겨울이 되면 친구들과 동백나무에 얽힌 이야기로 밤이 깊어가는지 몰랐다. 어릴 적 친구들과 놀던 집을 지나쳐 갈 때 고소한 냄새가 났다. 서로의 머리에 발라주던 동백기름 냄새가 솔솔 풍겨 나온다.

벗들의 눈빛이 아직도 동백의 푸른 잎처럼 반짝이고 있을까. 진정으로 함께할 친구가 없다면 가지고 있는 어떤 것도 의미 없다고 했지만, 오랜 벗들은 지금 어디서 무엇이 되어 있을까. 어린 시절 벗들과 나누던 기억의 조각들이 마을 어귀를 돌아 바다로 퍼져가고 있었다. 내 고향 위미는 오랜 친구가 되어 지금도 함께 떠돌고 있다.

결혼하고 고향 위미를 떠났지만, 꿈속에서도 고향이 그리웠다. 언제부터인가 서쪽을 바라보는 습관이 생겼다. 일을 하다가도 길을 걷다가도 고향이 있는 서쪽 하늘을 바라보곤 한다. 저무는 서편 하늘에 먹구름이라도 끼이면 밤잠을 이루지 못했다. 마당 한쪽에서 자라나고 있던 붉은 동백의 모습이 사무치게 그리웠다. 누가 저 동백 앞에서 슬픈 내일을 말했던가.

어둠의 밤이 지나고 나면 언제나 새로운 아침의 햇살이 드리워지던 고향집, 누구라도 언제든 돌아오라고 넉넉한 가슴을 내어주던 바다, 그 세월의 벼랑에서도 해 뜨고 지는 고향을 잊은 적이 없다. 고향은 어머니의 품속 같은 영원한 안식처였다. 어디선가 들려오는 '돌아오라, 돌아오라!'는 환청에 한 마리 물새가 되어 위미 앞바다로 날아가곤 했다. 물새는 지워져 가는 고향의 소리를 잊지 않고 전해주었다. 얼마나 더 살아야 내 영혼이 담긴 서쪽 하늘 아래 고향에 닿을 수 있을까.

고향집 올레로 들어설 때 그 시절을 그리워하듯 가득한 햇살이 나를 꼭 안아준다. 어디선가 들려오는 동네 사람들 발걸음 소리와 개 짖는 소리가 정겹다. 낮은 집 몇 채 사이 굴뚝 위로 은은한 연기가 나직이 흩어지고 있다. 동네 구석구석까지 따스한 어머니 숨결같이 잔잔한 물결이 밀려온다. 내 고향 위미의 아름다운 풍경 위로 붉은 동백이 축복처럼 피어나고 있었다.

인동초의 세월

겨울을 이겨내고 다시 찾아온 햇살에 고드름이 하나둘 녹아내린다. 가을과 겨울을 다 보내고 마침내 찬란한 봄날이 찾아왔다. 산과 들에는 신록이 피어나기 시작한다. 비탈진 산길을 걷다가 익숙한 냄새가 풍겨와 늘 다니던 길을 버리고 새길로 들어섰다. 발걸음을 멈추게 한 곳을 둘러보니 인동초가 햇살 아래 소박하게 피어있다. 바람에 실려 오는 인동초 향기가 마음을 사로잡는다. 속삭임처럼 산들바람이 미소 지으며 다가온다. 꽃잎 위에 새록새록 지난 추억이 새겨진다. 인동초는 얼마나 많은 시간의 기억을 간직하며 저 자리에 피어난 것일까.

꽃과 바람이 하나의 몸짓으로 엉클어진 마음을 다독인다. 인동초忍冬草란 한겨울의 온갖 악조건에도 굴하지 않고 성장을 이어가는 예쁜 꽃이다. 긴긴 기다림 끝에 피어난 꽃이어서인지 모든 것을 다 내어주어도 아깝지 않다는 듯 사랑과 희망으로 피어나는 꽃이다. 하얀색으로 피었다가 시간이 지나면 노란색으로 변한다. 봄의 기운이 조금씩 사그라드는 오름에 올라 먼저 찾는 것은 인동초이다. 가녀린 줄기를 타고 피어오르는 꽃잎은 여리고 곱던 연두의 시간과 작별하고 하얀 꽃잎을 올리고 있다. 꽃마다 이슬을 머금고 반짝이고 있다가 자신을 알아보고 다가가니 다정한 눈인사를 보낸다.

어디선가 다정하고 따뜻한 목소리가 들려온다. 꽃잎에 맺힌 이슬 위로 아버지의 얼굴이 아른거린다. 인동초는 아버지의 목소리를 품고 있다. 추운 겨울 온갖 추위와 바람에도 꿋꿋하게 살아남는 인동초의 생존방식이 아버지의 지난 인생길과 흡사했다. 인동초가 긴 시간 동안 봄을 기다리며 살아왔다면 아버지는 자식들만을 바라보며 살았다. 젊음은 인동초꽃처럼 퇴색되어 시들어갔다. 거센 바람이 몰아쳐도 가족의 안위를 지키려 했던 시간은 점점 사위어갔다.

가족을 위해 헌신적으로 살아온 세월의 흔적이 꽃잎에 걸려있다. 튼튼한 줄기를 붙잡고 가정을 지켜온 아버지는 태풍이 몰아치는 밤에도 뜨거운 햇빛 아래서도 가족을 사랑으로 품어 주셨다. 인동초가 바람에 살랑거리면 멀리서 아버지의 노랫소리가 아득하게 들려온다. 노랫소리는 허공을 메아리치다 바람 속으로 흩어진다. 인동초 향기는 그리움이 되어 생전에 효도 못 한 자식이 뒤늦게 드리는 안부처럼 흔들린다.

마당은 몇 차례 흠뻑 비를 맞더니 잔디가 초록 물감을 풀어 놓는다. 오월이 되자 인동덩굴은 줄기를 오른쪽으로 길게 뻗으며 울타리를 동여매고 있다. 몇 년 전에 산길을 걷다가 향기에 취하여 캐다 심은 인동초가 한두 해 시간이 지나더니 어느새 울타리를 가득 채우고 있다. 자식들은 하나둘 가정을 꾸리고 아버지 품을 떠나지만, 아버지의 깊은 사랑은 여전히 큰 나무가 되어 우리를 지켜주었다. 꽃이 피고 지고 시간이 흘러도 변치 않은 마음은 애절한 사랑의 은유처럼 인동초 꽃잎에 새겨져 있다. 얼굴에 하얀 웃음을 안고 가슴엔 빨간 마음을 감추며 노랗게 물들어가는 것이 너의 운명이다. 겨울에서 봄까지 너의 마음은 해갈이도 못한 채 슬픔을 간직하며 살아오고 있다.

동물을 유난히 좋아했던 아버지는 자주 이웃의 목장에 나가서 일을 하셨다. 특히 눈망울이 큰 소를 좋아했다. 소에게 풀을 먹이려고 소 떼를 몰고 목장으로 가곤 하셨다. 운이 좋은 날에는 아버지를 따라 목장에 가는 행운을 얻었다. 아버지는 기다림을 아는 분이었다. 들판에 소 떼를 풀어놓고 그들을 바라보면서 하루를 다 보낸다. 그곳에는 들꽃, 노루, 꿩이 모두 한가족이 되어 노닐고 있다. 아버지는 어린 딸에게 들판에서 꺾어온 꽃으로 화관을 만들어 머리에 씌워주곤 했다. 화관 하나로 공주가 되고 새가 되어 높이 높이 날아다녔다. 나는 높은 하늘을 바라보면서 시간이란 어디에서 와서 어디로 가는 것일까를 생각했다. 갑자기 아버지의 지나온 삶의 발자국이 너무 깊어 보였다. 이마에는 지난겨울을 살아오며 생긴 주름이 얼키설키 자리 잡고 있었다.

저녁노을이 하늘을 가득 채울 때, 소 떼를 몰고 올레로 들어서며 아버지는 혼자 흥얼대며 노래를 부르곤 했다. 노래 속에는 아버지의 시름이 담겨 있었다. 가족과 동물들을 위한 가없는 사랑이 얼마나 엄숙하고 소중한 일인가를 알려주려는 듯 노랫소리는 동네로 울려 퍼졌다. 노랫소리는 마치 마법사의 지팡이인 듯 주술을 부리며 소들을 우리 안으로 들어가게 했다. 세상의 모든 고통을 잊고 사랑의 문을 열어주는 열쇠처럼 조용히 가슴속으로 울려 퍼졌다. 아버지 노랫소리는 시간의 풍화와 함께 멀리멀리 퍼져나갔다.

인동초가 흐드러지게 피기 시작하던 6월, 아버지는 다시 돌아오지 못할 강을 건너 우리 곁에서 떠나셨다. 그날도 꽃향기는 바람결에 내 곁으로 다가와 소리 없이 흐느끼고 있었다. 꽃상여가 소로길로 나갈 때 인동초는 내뿜던 향기도 멈추고 하얀 눈물을 흘렸다. 한세상을 오로지 가족들을 위해 살다가 돌연 삶을 놓아버린 아버지는 떠나는 발걸음이 무거워 우리를 바라보면서 한없이 눈물을 흘렸으리라. 인동초의 꽃말대로 아버지는 이 세상의 모든 것과 '사랑의 인연'을 맺으려고 했던 것일까. 겨울에 태어나 봄이 오기를 그토록 기다리며 인고의 마음을 간직한 인동초, 만나면 또 금세 떠나버릴 그 시간을 왜 그토록 기다려야 했던 것일까.

옛날 아버지가 살던 집으로 찾아왔다. 아버지의 시간이 사라진 집 뒷마당에서 인동초가 쓸쓸히 나를 맞아준다. 인동초가 바람에 하늘거린다. 꽃잎을 활짝 열고 세상의 시간을 모두 가슴에 안는다. 인동초를 바라보다가 나도 시간의 풍경이 되어 버린다. 어떠한 미움도 다툼도 없이 주어진 삶대로 피었다가 욕심 없이 떨어진다. 누가 속이고 힘들게 해도 조금만 참고 견디면 자신을 알아주는 날이 올 거라고 믿고 있다. 그러면서 꽃이 인간에게, 인간이 인간에게 베푸는 사랑의 시간은 오랫동안의 기다림을 통해 배워야 한다고 말해주었다. 아버지가 이 세상 모든 것에 베푼 사랑의 마음을 배우는 데는 인동초가 피어나는 시간만큼 오래 걸렸다.

장미의 이름으로

나지막한 돌담에 시선이 닿는다. 담장을 휘감아 흘러내린 분홍색 장미가 화사하게 웃고 있다. 꽃을 찾아 헤매던 벌의 눈에 예쁘게 피어난 꽃송이가 한눈에 들어왔다. 벌은 꽃향기에 취해 이리저리 윙윙거리며 날아다닌다. 아름답게 피어난 꽃은 누구를 홀리려고 저리 곱게 피어났을까. 붉은색, 노란색, 하얀색으로 물든 꽃들 위로 벌이 날아든다. 벌은 청초한 꽃잎에 입술을 댄다. 봄바람에 흔들리면서도 장미는 꿀벌에게 좀처럼 몸과 마음을 허락하지 않는다.

꽃가루를 뒤집어쓴 벌은 더욱 가까이 다가가기 위해 날갯짓을 한다. 곤충들이 유혹의 눈길을 보내지만, 장미는 꼿꼿한 자존심을 쉬 숙이지 않는다. 고운 꽃잎이 다칠까 봐, 먼지라도 묻을까 봐, 저 혼자 고고하다. 향기라도 같이 나눌 수 있으면 좋으련만 제 향

기에 스스로 취해있다. 벌들도 그 마음을 아는지 꽃 사이를 그저 윙윙대며 날아다닐 뿐이다. 벌의 요란한 손짓에도 여왕처럼 꼼짝도 하지 않는다.

아름다운 색깔과 향기로 장미는 유독 인간에게 특별한 사랑을 받는다. 그러한 사랑 때문에 '꽃의 여왕'이라 불리는지도 모른다. 한철 불꽃으로 몸과 마음을 다 태우면서 제 주위를 밝힌다. 인생과 사랑이 어떻게 다가오고 떠나가는지를 조용히 바라본다. 그래서 나는 장미를 사랑하고 그 이름을 사랑한다.

움베르토 에코의『장미의 이름』은 수도원에서 발생한 갈등과 폭력이 중세의 몰락으로 이어지는 과정을 보여주는 소설이다. 작가가 작품을 '장미의 이름'이라 한 이유는 "장미는 의미가 워낙 풍부하고 상징적인 형상이어서 이제 아무 의미도 남아 있지 않기 때문"이라고 했다. 아무것도 없다는 것은 모든 것을 가지고 있다는 의미이기도 하다.

어릴 때부터 부족함이 없는 소녀로 자랐다. 시골 방앗간집 첫딸로 태어나 장미처럼 사랑받으며 성장했다. 그렇지만 나는 어린 시절부터 '금자'라는 촌스러운 이름을 붙여준 부모님에게 불만을 가졌다. 아이들은 나의 이름을 '금 나와라', '금자야'하고 부르며 놀려댔다. 부모님은 '금金'이라는 글자가 들어가야 부자로 살 수 있다며 위로해 주었다. 촌스러운 이름 대신 나는 아름다운 장미가 되어야 한다고 생각했다. 세월이 갈수록 붉은 장미는 어떤 꽃보다 나의 마음을 강하게 만들었다. 그때부터 장미가 되고 싶었고, 장미의 이름을 갖고 싶었다.

장미는 무슨 재주를 지녔길래 저리도 이쁘게 필 수 있을까. 사람들에게 사랑받기 위해 온몸으로 인내하며 아름다움을 피워내는 듯하다. 헤아릴 수 없는 아픔을 가슴속에 간직한 채 세상과 맞서려는 듯 초연하게 피어있다. 그렇지만 '어린 왕자'가 장미를 사랑하면서 세상을 알게 되듯이, 나도 장미를 사랑하면서 인생을 알게 되었다.

장미는 제 삶을 지키기 위해 가시를 품었다. 품고 있는 가시로 아름다움을 꺾으려는 탐욕스러운 손길로부터 자신을 지켜낸다. 가시를 품고 당당히 서 있는 모습이 더 아름답다. 신은 세상에 모든 것을 공평하게 나누기 위해 가시를 주었다. 장미는 화려한 꽃이기 때문에 침묵한다. 구태여 누군가에게 자신을 이야기하지 않아도 그녀의 외모와 사랑은 모두 알아준다. 세상살이에서도 사랑에서도 때론 침묵이 필요하다. 사랑에서 침묵이 필요한 이유는 내 것을 아낌없이 내어주는 일이기 때문이다. 진정한 사랑이란 굳이 말하지 않아도 서로의 눈빛 속에서 무지개처럼 피어나는 것이 아니던가.

세상에서 무난히 살아간다는 것은 힘들었다. 가까웠던 사람들과 의견이 다르다는 이유로 몰락한 중세처럼 갈등과 다툼이 생기는 일이 잦았다. 장미처럼 아름다운 척하면서도 내 가슴에는 독을 품은 가시가 있었다. 삶의 가시에 깊이 찔리지 않은 시절에는 인생이 가슴에 품은 가시로 인해 고행이 된다는 사실을 몰랐다. 뾰족한 가시를 품은 마음에서는 다정한 말이 나오지 않는다. 모난 가시를 조금만 줄였더라면 삶은 달라졌을까. 어린 왕자는 장미의 소중함을 뒤늦게 알게 되었거만, 사랑하던 사람의 소중함을 조금만 일찍 알았더라면.

내가 알고 있던 사람들에게 사랑과 너그러운 마음을 베풀지 못했다. 가시를 내세우며 눈에 보이는 것만 생각하며 살아왔다. 어린 왕자에게 여우는 말했다. "너는 말이 아니라 행동으로 그 꽃을 판단했어야 했어. 절대로 달아나지 말았어야 했어." "마음으로 보아야만 잘 보여. 중요한 것은 눈으로는 보이지 않아." 어린 왕자가 장미에게 보여주어야 했던 것은 자신의 진정한 마음이었다. 어린 왕자처럼 나도 알고 있던 모든 사람과 사물에 대해 길들이고자 하는 마음이 아니라 그들에 대한 책임을 지는 마음이 있어야 했다. 나는 장미에 대해서도 사람에 대해서도 책임지는 마음이 모자랐다.

장미가 아무리 아름답다고 한들 사람보다 이쁠까. 눈부시도록 아름다운 젊은 날에는 주위를 돌아볼 여유가 없었다. 주어진 일과 속에 다람쥐 쳇바퀴 돌듯 살았다. 분명 나에게도 봄날 같은 싱그런 계절이 있었을 텐데 청춘의 열정과 사랑은 쏜살같이 달아나 버렸다. 꽃을 피운다는 것이 얼마나 힘겨운 일인지 보여주겠다는 듯이 붉은 장미 한 송이가 바람결에 흔들리고 있다.

사람들은 모두 장밋빛을 꿈꾼다. 색이 얼마나 아름다웠으면 장밋빛 세상, 장밋빛 사랑, 장밋빛 인생을 이야기했을까. 모두가 장밋빛 안경을 끼고 인생을 본다. 인생에서 장밋빛은 어떤 의미일까. 주어진 삶에서 가까운 사람들에게 상처를 안 주고, 사랑하면서 마지막 일생을 아름답게 살아가는 것이 장밋빛 인생이 아닐까. 생의 마지막 순간까지 자신의 아름다움을 지키며 살아온 장미! 붉은 핏빛으로 다시 태어난 너는 나의 가난한 뜰을 꿋꿋이 지키고 있다. 나의 노년도 장밋빛 인생으로 남고 싶다.

『장미의 이름』은 애수 어린 문장으로 끝난다. "지난날의 장미는 이제 그 이름뿐, 우리에게 남은 것은 그 덧없는 이름뿐". 이제 나에게 남은 것도 '오금자!'라는 이름 석 자뿐이다.

해당화 피고 지고

폭풍우가 지나간 바다에는 다시 고요가 찾아왔다. 밤새 성난 파도가 세상을 뒤엎을 듯 넘실댔지만 이제 바다는 지난밤의 폭풍이 무색하리만치 평온하다. 거세던 비바람과 그 많던 빗방울은 모두 어디로 숨어버렸을까.

해안가는 어수선하지만 평화롭다. 한 무리의 물새들이 어딘가로 우르르 날아간다. 그들이 찾아간 곳은 구릉 위에 피어있는 꽃들 곁이었다. 언덕 위에는 진한 분홍색, 노란색 꽃들이 한숨을 토해내듯 시리게 피어있다. 꽃들은 바다에서 일어난 모든 일을 기억하며 살아간다. 시들어가는 생명의 끝에는 해당화의 사연도 담겨 있다.

거친 파도가 지나가고 나면, 바닷가에서 흔들리는 해당화는 외롭다. 깃털같이 연약한 꽃잎으로 바닷바람을 이겨내며 살아가기에는 너무 힘에 부친다. 이 작은 생명이 무슨 항변을 할 수 있을 것인가. 무수한 세월 속 바닷가에서 살아가야 할 운명을 지닌 해당화는 때론 속울음을 몸 밖으로 털어내고 싶었다. 그렇지만 자신의 신세를 한탄하기도 전에 물과 땅의 경계까지 날아온 파도에 휩쓸려 정신을 잃고 만다. 삶의 사금파리에 살이 베인 듯 아리지만, 울음을 포기하고 제 운명을 받아들이는 것이 차라리 현명한 일인지 모른다.

왜 해당화는 다른 꽃처럼 찬란하고 아름다운 삶을 살지 못하는 것일까. 어느 바닷가의 거친 바람 속에서 시련과 고통의 삶을 살게 되는 것이 그들의 운명이다. 한평생 다른 꽃처럼 우아하고 아름답게 살기에는 감당할 수 없는 시련이 파도처럼 굽이굽이 밀어닥친다. 해당화의 얼굴에는 언제나 주렁주렁 눈물이 맺혀 있다.

거친 해풍을 마시며 살아가는 해당화는 질곡의 삶을 살아온 강인한 여인 같다. 흔히 꽃은 여성을 상징한다지만 해당화는 더 여성적이다. 해당화가 바다에 피는 꽃이고 보면, 해당은 바다 여인을 뜻하는지 모른다. 바닷가 언덕에 피어서 출렁이는 파도와 어둠을 비추는 등대와 함께 가족이 되어 살아간다.

거칠던 비바람도 잔잔해지고 바닷가에서 떠들썩하던 사람들도 모두 떠나가고, 이제는 모든 것과 화해의 시간이다. 그 자리에는 해당화같이 고단한 삶과 애환을 간직한 등대가 서 있다. 해당화는 깜박이는 등대와 사랑을 나눈다. 얼굴에는 연분홍빛을 띠고 있어 예쁘게 보이지만 마음속 깊은 애환은 등대만이 알아준다. 갯바람에 비추어진 등대 불빛은 바다에서 일어나는 일들을 해당화에게 전해준다. 해당화는 화답하듯 푸른 바닷물이 마를 때까지 등대를 바라보겠다고 다짐한다. 꽃향기가 바람을 타고 등대 품에 날아가 살포시 안긴다. 등대와 해당화는 어머니의 사랑처럼 이 세상의 어둠을 밝히며 빛을 가져온다.

오늘도 어머니는 물질을 하기 위해 테왁을 허리춤에 끼고 차디찬 물속으로 들어간다. 어머니의 뒷모습은 전쟁터에 나가는 병사처럼 당당하다. 해녀는 가난한 집안의 식솔들을 걱정해야 하는 가장이었다. 바다에 들어가는 것은 늘 죽음과 함께하는 일이다. 병원에서는 더이상 바다에 들어가면 안 된다고 한다. 고기잡이 간 아버지가 세상을 먼저 떠나고, 어머니는 다시 바다에 들어가지 않으려 했다. 그렇지만 바다는 어머니의 삶을 이어갈 수 있게 하는 생명의 젖줄이었다. 깊은 바닷속에서 해녀들은 삶과 죽음의 갈림길에서 서성이고 있었다.

어디선가 해녀들의 구슬픈 노랫가락이 들려온다. 해녀의 한을 담은 노랫소리는 어머니의 한풀이였다. "한 손에 빗장, 다른 한 손엔 호미 들고 미역, 생전복 따다가 어린 새끼 멕이고 공부시키려고 힘들어도 바다 위에서 시달리는 불쌍한 이내 몸뚱이…, 다시 태어나면 좋은 세상 만나 남들처럼 잘살 수 있으려나." 신세타령처럼 들리는 가락에는 삶의 깊은 애환이 담겨 있다는 것을 어릴 때는 몰랐다. 어머니는 지금도 걷다가 조금 힘겨우면 '호~이' 하는 소리를 낸다. 해녀들이 깊은 바닷속에서 해산물을 캐다가 숨이 차 물 밖으로 나올 때 내뿜는 숨비소리는 살기 위한 생명의 소리였다.

물질하기 위해 바다로 가는 어머니의 굽은 등은 바닷가 벼랑에 어렵사리 피어 있는 붉은 해당화 꽃송이처럼 보였다. 평생을 바다에서 물질로 살아온 어머니의 삶은 가파른 벼랑에서 흔들리며 피어 있는 해당화의 모습과 무엇이 다를까. 어머니의 한숨과 눈물처럼 해당화는 바닷가에서 몸을 떨며 살아가고 있었다. 한 생애 가득 눈물로 글썽이는 해당화, 살아있는 것들이 지고 가야 하는 삶의 무게란 얼마나 무거운 것인가.

삶이 막막하고 힘들 때면 어머니는 해당화를 바라보며 서 있었고, 해당화는 등대를 바라보고 있었다. 어머니와 해당화와 등대는 하나인 듯 따로 서 있다. 그들은 캄캄한 바다를 날아다니는 물새들처럼 서로에게 다가가 무언가를 속삭이곤 했다. 밀려오는 어둠의 바닷가에 서서 꺼지지 않는 불빛이 되어 서로를 밝혀주었다. 아무도 알지 못하는 슬픔을 서로 달래며 밤 깊도록 먼바다를 함께 바라보고 있었다.

세상이 어둠이라면, 해당화와 등대와 어머니는 서로를 안아주는 빛이었다. 폭풍우가 지나고 푸른 별이 반짝이면 바다는 이들과 함께 다시 따뜻해질 것이다. 지금도 그 바닷가에는 등대와 어머니의 아픈 세월을 바라보며 해당화가 피고 있을까.

민들레 가는 길

텅 빈 숲에는 푸른 잎사귀가 바람에 웅성대며 서걱거린다. 풀 한 포기 품을 수 없던 자드락길에 민들레가 삶의 마지막 지푸라기를 부여잡고 있다. 헐벗은 땅에도 봄은 오는가. 씨앗을 품고 땅속에 뿌리를 숨긴 채 긴 겨울을 보낸 꽃들은 살포시 노란 눈을 뜬다. 길가에 늘어선 꽃잎은 저 홀로 피어있다. 흔하디흔한 꽃이라 잡초로만 여겨지던 작은 민들레가 바람결에 흔들린다.

무심히 스쳐 지나던 꽃에 이제야 눈맞춤을 한다. 늘 그 자리에 있던 것들도 눈에 담아야 마음이 통한다. 낮은 곳에 무리를 이룬 민들레가 하나씩 하얀 솜털을 달고 움직이기 시작한다. 봄바람이 시리게 부는 날이면 자식들을 떠나보낼 시간이 다가옴을 알고 채비를 서두르는 모양이다. 이별은 언제나 아프고 슬프지만, 척박한 땅에서나마 종자번식을 위해서는 감수해야 할 일이다.

떠나갈 준비를 마친 민들레의 씨방은 바람을 기다리는 중이다. 귀 옆을 스쳐 지나는 따사로운 봄바람은 곁에 머물지 않고 스쳐 지나간다. 깃털보다 가벼운 갓털이 소소리바람에 몸을 싣고 유랑자처럼 길을 떠돈다. 어디로 가야 할지, 어떤 고난이 눈앞에 놓여 있는지 모르지만 날아가다 떨어져 자라는 곳이 고향이다. 민들레는 쉬는 곳이 삶터이다. 바람이 이끄는 대로 들판이든, 인적이 끊어진 아스팔트 위 틈새든 자신이 생존할 자리라 여기면 몸을 누인다.

어디서나 자랄 수 있는 강인한 생명력을 지닌 민들레라고 하지만, 어찌 좋은 땅에서 살고 싶지 않겠는가. 인간이든 식물이든 태어나는 시간과 장소를 마음대로 선택받을 수 없다. 척박한 땅에서 피어난 민들레도 강한 생명력을 지니고 있다. 부모님의 사랑을 먹고 자란 형제들은 때가 되니 바람에 날리듯 제각각 흩어져 살기 바쁘다. 저마다 힘겹게 버티고 살아가는 삶은 늘 안쓰럽고 애처롭다. 민들레꽃이 불어오는 바람에게 길을 묻는다.

생은 작은 씨앗에서 시작된다. 처음은 미약하고 보잘것없이 보일지라도 그 안에 담긴 가능성은 무한하다. 민들레 씨방도 품을 떠날 때 이런 생각이 들었을까. 어느 길로 가야 하는지, 얼마를 걷다 멈추어야 하는지 알 수가 없다. 탈출구가 보이지 않고 막막한 시간이 계속되면 그냥 포기하고 주저앉아 울고 싶은 적이 한두 번이 아니다. 아무리 힘들고 어려운 길에서도 희미하게 빛은 나타났다. 들녘에서 피고 지는 꽃들은 자연의 순리대로 다툼없이 살아가고 있는데 어찌하여 인간은 경쟁 속에서 아귀다툼하며 남보다 앞서려 질주만 하는가.

삶에서 얻은 것은 무엇이며 그들은 어떤 의미를 지니고 있는가. 봄이 되어 생동하며 피어나는 꽃들을 보고 있으면 이런 생각은 더욱 강하게 나타난다. 겨우내 숨어있다가 어디선가 꽃들은 저렇게 피어나며, 그들을 만나기 위해서 나타난 새들은 어디서 배운 노래 솜씨로 저렇게 즐거운 노래를 부르고 있는가. 모란과 동백과 매화는 어찌 그리 힘든 겨울을 잘 견뎌내며 아름다운 자태로 사람들을 감탄하게 하는가. 그렇지만 민들레는 찬란한 시절도 아름다운 자태도 뽐낼 것이 없다.

민들레는 이내 우울해진다. 모든 생명체에게 소중하지 않은 가벼운 시간이란 없다. 보잘것없는 민들레이지만 긴 겨울을 보내고 언제쯤 여린 몸을 세상 밖으로 내밀어야 할지 안절부절못한다. 아무리 비바람이 몰아쳐도 꽃들은 안다. 봄이 가면 여름이 오고, 가을이 가면 겨울이 오는 시간의 순환은 신비롭기 그지없다. 만물의 영장이라 일컫는 인간이 모르는 자연의 순리를 식물들은 알고 있다. 민들레도 제가 피어날 시간과 자리를 헤아리고 있다.

기억의 저편 슬픈 그림자가 달빛 드리워진 밤에 상처 입은 영혼을 다독여 준다. 갑자기 불어오는 거센 바람 앞에서 생각을 모아본다. 가지 많은 나무에 바람 잘 날 없다던가. 형제가 많은 가정의 울타리 안에서는 예상치 못한 일들이 자주 생겼다. 좋지 못한 소식이 들려오면 하루에도 몇 번씩 모래바람이 분다. 가슴에 박힌 모래알은 서걱거리다 금세 마음은 민들레 갓털처럼 여기저기로 날린다. 슬픔은 상해진 마음에 들러붙어 부대끼며 나를 아프게 한다.

아픔이 없는 삶은 없다. 슬픔이 때로는 너무 크고 깊어서 시간이 멈추어 주길 바란 적도 있었다. 아프다는 것은 살아 숨쉬고 있다는 증거인 동시에 더 강하게 자신을 달구는 일이다. 모든 것이 휘어지고 부러지고 떨어져 나갈지라도 뿌리를 내린 땅에서 살아가야 한다. 끝없이 방황하며 척박한 땅에서 뿌리를 내리고 꽃을 피우는 민들레처럼 나의 삶도 꿋꿋이 거듭 태어날 수만 있다면 얼마든지 아파도 좋다. 하늘과 푸르게 눈맞춤을 할 수 있는 것은 희망을 포기하지 않았기 때문이다.

다람쥐 쳇바퀴처럼 돌고 도는 삶, 무엇을 얻기 위해 그렇게 바둥대며 살아왔나 반문하는 사이 노을은 서쪽으로 기울고 있다. 성공한 삶과 실패한 삶이란 무엇으로 구분되는 것인가. 각자의 삶은 운명이라 불리는 순환 속에서 허덕이다 끝나버리는 것이 아닌가 하는 생각이 든다. 어렸을 때부터 운명을 믿지 않았다. 오직 나에게 주어진 눈앞의 시간에 충실하는 것이 현재의 삶을 풍요롭게 만드는 길이라 생각했다. "풀리지 않는다고 가위로 싹둑 자르는 것이 아니라, 한올 한올 풀어 가는 것이 인생이다."라고 이야기한 어느 스님이 생각난다. 우리가 삶을 살아가는 것이 아니라 세상에 존재하는 여러 삶 속에 내가 속해 있는 것은 아닌가. 그러다가 언젠가 때가 되면 가지고 있는 모든 것을 털어버리고 떠나는 것이 인생인가.

어디선가 거친 바람이 불어온다. 비탈길에서 민들레 갓털이 바람과 손을 잡고 동행한다. 밤새 몸을 떨다 아침을 맞이하는 민들레가 또 다른 생명을 품는다. 바람 속에서도 누군가와 동행하며 자기 삶의 여정을 이어가는 갸륵한 생명에게 따듯한 눈길을 보내본다. 멀리서 민들레 갓털 하나가 바람을 타고 축복처럼 내 앞을 날아간다.

서귀포 감귤꽃

푸른 바다는 햇살을 품어 안은 채 철썩철썩 파도 소리를 내고 있다. 멀리 수평선에서 떠오르는 태양은 바다와 하늘을 이어주듯이 찬란하게 빛난다. 수채화 물감을 뿌려 놓은 듯 맑은 하늘에는 새털처럼 가볍게 구름이 떠다닌다. 구름은 해와 숨바꼭질하듯이 서로를 감추며 춤을 추고 있다. 햇살이 가득한 서귀포 바다에는 포구와 사람들이 천천히 깨어나고 있다.

어둠이 시작되면 배들은 통통통 검은 연기를 내뿜으며 수평선 너머로 사라진다. 밤사이 환한 집어등集魚燈을 켜고 조업하던 배가 새벽 바다를 헤치고 포구로 들어온다. 어선의 활기찬 뱃고동 소리가 조용한 포구의 아침을 깨운다. 아직도 돌아오지 못한 고깃배는 시린 가슴에 아픈 사연을 담은 채 돌아올 시간을 기다리고 있다. 고깃배를 기다리는 동안에도 감귤나무에서는 꽃이 피고 진다.

삶은 만남과 헤어짐의 연속이다. 너는 어이해서 이곳에 이르렀고, 나는 어이해서 이곳을 떠나려 하는가. 서귀포에서는 모든 것이 만났다가 떠나가는 곳이다. 떠남과 돌아옴이 이루어지는 항구다.

햇살이 점점 강해지면서 포구의 아침은 활기차게 움직인다. 만선의 꿈을 이루고 돌아온 선원들의 어깨가 한껏 올라가 있다. 어부들은 밤새 잡은 고기들을 어판장으로 옮긴다. 경매가 시작되고 포구는 시끌벅적하다. 어판장은 활기찬 소리로 가득 차 있다. 어부들의 환호성과 함께 구매자와 판매자의 협상 수리가 요란하다. 어촌 사람들은 바다와 함께 살아간다.

서귀포 시장은 언제나 사람으로 넘쳐난다. 새벽을 여는 시장 상인들은 자판을 앞에 두고 손님을 부른다. 생선 파는 아주머니의 밝은 목소리가 시선을 끈다. 갓 잡은 싱싱한 갈치를 자랑스럽게 내보이며 오고 가는 사람들 발길을 붙잡는다. 시장의 활기찬 모습은 전쟁터를 방불케 한다. 물건을 팔고 사는 사람들의 눈빛이 빛나고 있다.

서귀포 마을 곳곳에는 크고 작은 포구들이 자리한다. 법환포구, 보목포구, 대포포구, 당케포구 같은 독특한 포구가 사람들이 발길을 멈추게 한다. 그중에도 법환포구가 일품이다. 포구의 해안선은 멋진 해변과 탁 트인 한라산 경관을 자랑한다. 파도가 치면 검은

자갈이 '도로록 도로록' 구르는 소리가 난다. 바다의 웅장함과 자갈의 단단함이 서로 어우러져 만들어 내는 소리다. 이 소리는 언제 들어도 고향의 정겨움이 흐르는 소리다.

내 고향 위미리는 바다와 가까워 해풍이 불고 따뜻한 지역이라 일조량이 풍부하다. 우리 동네에는 1960년대 중반쯤에 처음 감귤나무가 들어왔다. 아마도 내가 초등학교 다닐 때였다. 천혜의 자연환경을 가지고 있어 감귤 맛이 좋기로 유명하다. 쌀쌀한 바람이 불어오는 초겨울이 되면 감귤은 노랗게 익어간다.

학교 수업을 마치고 돌아오는 길에 밀감을 따던 어머니가 부르더니 주머니에 감귤을 몇 알 넣어주셨다. 그때 먹었던 감귤 맛은 지금도 잊을 수 없다. 그 맛이 나를 아련한 옛 추억에 젖게 한다. 감귤 껍질도 아까워 손등에 무지르곤 했다. 소꿉장난하며 친구들과 먹던 감귤 맛이 그리워진다. 나의 추억도 하얀 감귤꽃 향기처럼 가슴에서 피어난다.

감귤나무 한 그루로 자식들을 대학까지 보냈다고 하여 '대학나무'라고도 불렸다. 서귀포 아이들의 성장과 희망을 함께 키웠던 나무다. 어렵던 시절은 지나가고 감귤꽃이 피면 미지의 세상에 대한 기다림이 쌓여갔다. 기다림과 아쉬움 속에서 소중한 시간이 다 지나가 버렸다. 아이에서 어른이 되기를 기다리던 시간, 감귤꽃 하얗게 피던 시간과 함께 나도 머리가 희끗희끗한 중년이 되어갔다.

감귤의 흰 꽃을 만지면서 시간은 자꾸 흘러갔다. 누군가와 한 약속은 모두 이루어지지 못했지만, 그 기억은 아름다운 향기로 남아있다. 벌떼가 잉잉거리는 감귤꽃처럼 내일은 오늘보다 넉넉하고 밝아질 것이다. 힘들던 삶이 즐거운 노래가 되어 듣기를 원하면 감귤나무 아래에서 다시 만나자.

내가 보낸 시간만큼 고향의 옛 모습도 달라져 가고 있다. 서로의 삶은 다른 방향을 향해 나아간다. 서귀포 앞바다에서 달아나버린 썰물처럼 감귤 꽃잎이 떨어진다. 먼바다를 바라보며 내일을 기다리는 동안 꽃잎은 다 져버렸다. 몇 번의 꽃잎이 피고 지던 시간에 우리의 인생도 저물고 있었다. 초록은 초록으로 남고, 감귤나무꽃 같은 흰색은 흰색으로 남아 이 세상을 적신다. 나의 작은 삶도 서귀포 포구의 등불처럼 깜박이며 남아있다.

오랜만에 찾아간 고향은 많이도 변해 있었다. 아름답던 옛 시골 마을은 감귤 하우스로 사라지고 없었다. 동네 곳곳에 서린 어릴 적 추억도 함께 사라진 것 같아 아쉬운 마음은 쉬 가라앉지 않는다. 동네 어른들은 얼굴에 웃음꽃이 피었다. 감귤 수확으로 벌어들이는 수입이 만만찮기 때문이다. 모두 감귤나무가 거둔 기쁨이고 희망이다.

올해도 감귤은 찬란한 가을 들판을 닮은 듯 주황색으로 익어간다. 감귤이 익어가는 그늘 아래에 농부들의 삶이 함께 자리하고 있다. 그들이 신던 신발, 입고 있던 옷들이 햇살 아래 빛난다. 햇살은 그들의 어깨 위로 내려앉아 축복의 노래를 불러준다.

멀리 우거진 숲과 오름이 포근한 어머니 품처럼 어우러진다. 아름다운 돌담길 구석구석에서 향수가 풍겨 나온다. 서귀포의 모든 것은 시간이 흐를수록 퇴색되는 것이 아니라 발전해 간다. 돌담길을 따라 걷는 동안 아늑한 마을 풍경과 노란 감귤밭, 청명한 바다의 물결이 조화롭게 다가온다. 동네 모퉁이 팽나무 아래에서 아이들의 웃음소리가 넘쳐난다. 자연과 사람이 함께 어우러진 서귀포는 꿈과 희망이 익어가는 곳이다.

서귀포 포구에서 아침에 떠오르는 태양을 바라보면 희망이 춤추며 다가온다. 새로운 시작과 미지의 내일에 대한 열정이 가슴에서 피어난다. 출렁이는 파도와 함께 춤추는 하얀 물새가 되어 마음껏 서귀포를 날고 싶다.

3부

슬픈 물망초

목련의 얼굴

안개꽃 인생

해녀 어머니의 박꽃

기다리는 능소화

돌아온 제비꽃

복사꽃 연가

슬픈 물망초

작은 꽃잎에 바람이 머문다. 초여름 물망추가 얼굴을 활짝 드러내며 피어나고 있다. 꽃은 푸른 물망울을 만들며 피었다가 고요히 떨어진다. 꽃은 필 때도 울지 않지만, 지면서도 울지 않는 것처럼 보인다. 그렇지만 아무도 모르게 눈물 흘리는 꽃들이 많다. 길든 짧든 저마다 한 많은 일생을 지닌 꽃들인데 어찌 눈물이 없겠는가.

물망초는 오늘도 바람에 흔들린다. 푸르른 모습과 달리 슬픔과 아픔을 안고 살아가는 물망초는 꽃잎마다 담아둔 슬픔을 토해내고 싶었다. 속시원하게 소리내어 울고도 싶지만, 마음껏 울 수가 없어서 바람을 기다린다. 바람이 불면 바람과 함께 사방으로 떠돌다 어느 골짜기 밑에서 목놓아 울어본다. 울다 지친 물망초는 작은 씨앗을 땅에 뿌리고 먼 길을 떠난다.

세상에 살아있는 동안 사람들을 만나듯이 꽃을 만날 수 있다면, 그가 지닌 모습과 향기를 통해 행복과 기쁨을 발견할 수 있다면 얼마나 좋을까. 첫 만남의 기쁨을 되새기며 다시 사랑을 나눌 수 있다면 얼마나 좋을까. 그래서 누군가와 아름다운 사랑을 나눌 수 있다면 우리의 삶은 꽃밭이 되겠지. 누군가에게 편지 대신 물망초 한 송이를 보내면, 그 속에는 나의 푸른 마음이 담겨 있을 것이다.

인생길에서 부드럽고 따스한 꽃 같은 사람을 만나면 그 사람을 닮으려 노력한다. 바람이 불어오면 꽃 같은 마음을 전하기 위해 그리운 언니에게 달려간다. 구름은 하늘에서 만나고 강물은 바다에서 만나듯이, 슬픈 꽃잎으로 피어난 물망초 같은 얼굴이 어른거린다. 물망초 꽃을 유난히 좋아했던 언니는 꽃이 피는 초여름에 면사포를 쓰고 결혼식을 했다. 드레스를 입은 모습은 동화 속에 나오는 천사처럼 아름다웠다. 하얀 나비가 때로 축복과 함께 불행을 예고하듯이 웨딩드레스를 휘감은 채 날아다니고 있었다.

초여름은 연두가 익어 초록으로 변해가는 싱그러운 계절이다. 새벽에 서늘한 공기와 풀벌레 소리가 들리고 따스한 햇살이 얼굴을 감싼다. 꽃들이 피어나는 신록의 계절이지만, 모든 생명이 생동하며 희망적인 것은 아니었다. 결혼이라는 희망의 끝에는 절망이 숙명처럼 다가왔다. 시련은 첫아이를 임신했을 때 찾아왔다. 목 주변에 멍울이 만져진다고 병원을 찾았다. 가벼운 증상이라고 생각했던 일은 갑상선암이라는 진단을 받았다. 병원에서는 아이를 유산시키고 수술을 권했지만, 언니는 아이를 지켰다. 출산하다 끝내 아이만 살리고 언니는 물망초 꽃잎처럼 떨어지고 말았다.

꽃이 진다는 것은 슬픈 일이다. 눈물보다 더 서럽게 언니는 아이를 품에 안아보지도 못한 채 떠났다. 언니는 누구보다 더 행복한 삶을 살고 싶었을 것이다. 바람이 스쳐 지나간 자리에 꽃이 또 떨어진다. 늦가을 낙엽이 소리 없이 흙으로 돌아가듯, 어디선가 꽃잎이 바람에 날린다. 슬픔과 눈물, 사랑과 이별같이 무겁고 소중한 말들이 한 조각 안부로 남은 채 우리 곁을 떠나간다. 그리하여 슬픈 기억만을 간직한 채 마지막 인사도 못하고 살아간다.

인간에게 망각은 무엇인가. 망각이란 예전에 경험했던 아픔과 슬픔을 잊는 것을 말한다. 우리는 흔히 '괴로운 과거를 망각 속에 묻어버리고 싶다.'라고 말한다. 잊힌 사람은 자신을 내려놓을 수도, 버릴 수도 없다. 과거가 현재의 또 다른 슬픔이 되지 않으려면 과거의 아픔을 이겨내어야 한다. 기쁨으로 가득 차 있는 사람은 슬픔을 모른다. 슬픔을 이해하고 공감할 수 있는 사람은 기쁜 사람이 아니라 슬픈 사람이다. 슬픈만이 슬픔의 깊이를 헤아릴 수 있으니까.

평생 곁에서 함께 살아갈 것이라고 믿었던 사람이 어느 날 갑자기 떠나간다. 그 순간 무얼 어떻게 해야 할지 머릿속은 텅 비고, 마음은 가시 더미에 떨어진 듯 아파온다. 커다란 슬픔은 마음에 상처로 남아 영원히 가슴속에 머문다. 그렇지만 살아가면서 상처받은 마음은 조금씩 잊힌다. 망각이 없다면 사람은 슬픔에서 헤어나지 못하고 더 큰 마음의 병을 맞게 될 거다. 슬픔은 상처받은 나를 눈뜨게 하고 새로운 사람으로 만들어준다. 슬픔은 아픔을 주지만, 성장과 깨달음을 가져다주는 중요한 경험인지 모른다.

사라진 애인을 생각하면서 일생 동안 물망초는 '나를 잊지 마세요.'라고 속삭인다. 인간에게 망각은 한편으로 저주이면서 축복이다. 망각이 없다면 어찌 살 수 있을까. 망각은 신이 준 선물이라고 하지 않던가. 떠나간 어린 자식을 가슴에 묻은 어머니, 어린 자식을 남기고 먼저 떠나는 아버지, 사랑하는 애인을 떠난 연인들에게 망각이 없었다면 어찌 세상을 살아갈 것인가.

아름답고 행복한 삶을 살고 싶지만 그렇지 못한 것이 인생이다. 여름날에 꿈처럼 펼쳐지는 수많은 색의 산란은 내 곁에 오랫동안 머물지 못했다. 떠나는 사람과 마지막 작별을 통곡으로 보내야 하고, 기약 없는 절망의 뒤편에는 끝나지 않을 윤회가 있다. 짧은 생은 한순간 더 화려하게 피려고 하는가. 물망초는 작심한 듯 일제히 꽃을 피워내고 순식간에 모두 떨어진다. 꽃이 떨어지는 현재의 시간은 허전한 뒷모습을 보여주는 시간이기에 더욱 슬프다.

물망초가 흔들리고 있다. 꽃은 세상에 미련을 남겨두지 않겠다는 듯이 바람에 날아간다. 슬픔에 잠긴 사람이 호곡하는 것처럼 꽃잎은 바람에 흔들린다. 눈물보다 더 서럽게 지는 꽃잎을 바라보며 다시 삶을 생각한다. 저리 아름답게 피었다가 서둘러 떠나는 이유가 무엇인가. 삶이란 희망과 절망이 교차하며 바둥대다 꽃잎 떨어지는 날 함께 눈물을 흘리는 것인가. 슬픔을 축적하는 것은 삶의 의미를 쌓아가는 것이다.

물망초가 피는 계절은 아프다. 잠시 피었다가 떠날 것을 아는지 온 힘을 다해 화려하게 피어난다. 여우비가 내리면 초록은 짙어지고 비에 젖은 물망초는 바람에 흩어진다. 하염없이 지고 떨어지는 꽃송이는 비에 젖어 푸르게 물든다. 슬픔 속에서도 생명이 있고, 죽음 속에서도 삶은 키워진다. 물망초는 소리 없이 왔다가 소리 없이 돌아가면서 다시 만날 날을 기약한다.

만남의 기쁨과 떠남의 슬픔, 기억과 망각을 두고 너무 목메어 슬퍼하지 말 것. 어디에선가 만남의 기쁨이 이별의 슬픔에게 이야기하는 소리가 들려온다. '나를 잊지 마세요.'

목련의 얼굴

봄비가 내린다. 겨우내 웅크렸던 나뭇가지 위로 촉촉이 비가 내려앉는다. 한 그루 목련 나무가 우아한 곡선을 그리며 새하얀 꽃잎을 펼쳐낸다. 빗방울을 머리에 이고 가지마다 순백의 꽃봉오리를 품어내는 목련이 자태를 드러낸다.

목련은 꽃이 먼저 핀다. 망울이 피어날 때는 고개를 북쪽으로 돌린다 하여 '북향화'라고도 불린다. 가지에 탐스러운 얼굴을 그득히 품고 있다. 사람들이 오가는 길목에서도 우리 집 정원에서도 목련은 있는 힘껏 제 몸을 펼쳐낸다. 피어나는 꽃잎들은 춤추는 무용수의 몸짓처럼 우아하다.

목련 아래에는 수선화, 팬지, 은방울꽃, 제비꽃이 아름답게 제 얼굴을 자랑하며 피어난다. 분홍색을 띤 명자나무도 수줍은 새색시처럼 배시시 웃으며 반겨준다. 아직은 따갑지 않은 봄 햇살이 하얀 목련꽃에 반사되어 눈이 부시다. 겨울을 이겨내며 봄을 기다리던 밑둥지 속 깊은 곳에 짙은 초록을 담아두었다가 꽃으로 환생한다.

목련은 내가 가장 좋아하는 꽃 중의 하나이다. 가녀린 가지 끝마다 도도하게 고개를 치켜세우며 꽃을 피운다. 저 꽃을 피워내기 위해 어디서 얼마나 헤매고 다녔을까. 긴 고뇌의 시간을 보내고 짧은 순간 존재하지만, 목련은 결코 가식도 위선도 없이 저 혼자 고고하다. 하얗고 동그란 얼굴이 찬란할 정도로 눈부시다. 삶이 힘들어도 찡그리거나 흔들리는 모습도 보이지 않는다. 목련의 얼굴은 언제나 평온하며 화사했던 어머니의 얼굴 같다.

어린 시절 집안의 밥상머리에는 언제나 할아버지 할머니의 얼굴, 아버지와 어머니 얼굴, 오빠 언니 동생의 얼굴이 함께 있었다. 모두 사랑을 듬뿍 담고 마주보며 앉아 있었다. 등불을 켜두고 지난 하루의 시간을 기억하고 내일을 바라보면서 식구들은 저녁상에 둘러앉았다. 어머니는 세간살이 없는 집안에서 기꺼이 밥상이 되었다. 서로를 바라보던 사랑의 얼굴들, 가까이 더 가까이서 이웃들도 서로의 얼굴을 어루만지며 생을 꽃피웠다. 그렇지만 언제부턴가 세상은 이웃의 얼굴을 어둡게 하고 멀리하면서 사랑의 얼굴들은 하나둘 사라져 갔다.

봄날에 꽃씨를 심으면 거기서 싹이 트고 자라서 여름과 가을에는 꽃이 핀다. 그 꽃은 새로운 씨앗을 맺고 땅에 묻혀 있다가 때가 되면 새싹을 틔우고 새 꽃을 피운다. 우리 마음도 이 과정과 다르지 않다. 땅에서는 모든 종류의 씨앗이 뿌려지고 거두어진다. 행복과 불행의 씨앗, 절망과 희망의 씨앗, 기쁨과 슬픔이 생겨나고 죽어간다. 날마다 우리의 마음밭에 온갖 새로운 씨앗을 심는다. 씨앗을 어떻게 뿌리고 어떻게 거두는가에 따라 삶의 모습은 형성된다. 이 씨앗은 우리의 생명이며 얼굴을 만든다.

하루의 문이 열리고 아침을 맞이한다. 거울을 들여다본다. 거울 속에는 낯선 얼굴이 담겨 있다. 젊은 시절의 밝고 화사하던 얼굴은 어디로 가고, 이제는 주름이 가득한 우울한 얼굴이 거울 속에 앉아 있다. 중년이 지난 여인의 화장하지 않은 얼굴을 들여다보는 일은 서글프다. 거울에 비치는 늙고 주름진 얼굴이 남의 얼굴인 듯 낯설다. 어제와 다를 바 없는 오늘의 얼굴이지만 내일은 또 어떻게 변한 모습을 보여줄까. 거울을 들여다보니 그 속에는 얼굴은 보이지만 지나간 시간과 아쉬운 마음은 보이지 않는다. 새가 울어도 그 모습은 보이지 않고, 꽃이 웃어도 웃음소리가 들리지 않는다.

하루를 여는 엄숙한 시간 속에서 꽃송이가 벌어지고 새로운 태양이 빛난다. 어떻게 살아야 충만하고 보람 있게 보낼 수 있을까. 행복이 온다면 누군가에게 감사하고, 불행이 와도 그것은 살아가는 자의 책임이다. 행복은 안에서도 밖에서도 온다. 행복한 것은 태양을 따스하게 사랑한 덕분이고, 불행한 것은 어둠에 갇혀 숨어있기 때문이다. 얼굴은 행복할 때 웃고 불행할 때 운다. 생명의 숨결은 안과 밖에서 동시에 이루어지고 있었다. 봄이 와서 꽃이 피고 지는 생동의 울림은 꽃만 흔드는 것이 아니고 내 가슴도 흔들었다.

그동안 먼지 날리는 세상에서 쏜살같이 달려왔다. 멈춤도 뒤로 물러서지 않고 앞만 보고 걸어왔다. 이정표만 바라보며 달려오는 동안 길 위엔 발자국도 얼굴도 없었다. 스쳐 지나가는 아침과 저녁을 무수히 보았지만, 진짜 나의 모습은 사라지고 말았다. 누군가 내 이름을 부르는 것 같아 돌아보았지만, 나를 부르던 목소리는 노을이 되고 있다. 더없이 찬란하던 날은 가고 없다. 잔잔히 번져가는 노을 속으로 사라지는 좋았던 날은 어디로 가버렸나. 날은 어둑해져 가고 그지없는 노을은 서산에 지고 있다.

목련이 피는 모습을 오랫동안 바라보았다. 그 속에는 세상 사람들 얼굴이 가득 담겨 있다. 얼굴에는 기쁨과 슬픔의 흔적이 고스란히 담겨 있다. 중심을 잡고 자기 얼굴을 드러내고 서 있는 목련처럼 풍파에 흔들리지 말아야 한다. 살아야 할 삶은 천 개의 얼굴로 흔들리며 바람 속 촛불처럼 불안하기만 하다. 백화百花를 아무리 사랑한들 지나가는 춘풍을 어이하리.

얼굴에는 지나온 삶의 흔적이 깊은 주름으로 그려져 있다. 온화한 얼굴은 어디로 가고 세월의 흔적과 함께 거칠어져 가는 노년의 모습으로 변해 있다. 갈 길은 멀기만 한데, 힘든 삶의 여정은 간밤에 흐르던 여울처럼 마음속에서 아직도 물결친다. 그렇게 많은 세월이 지나가도 아직 잠재울 수 없는 바람 속 얼굴을 바라본다. 바람아, 목숨 있는 것 흔들어 깨우고 꽃불 일듯이 다시 피어나게 해다오.

햇살이 쏟아져 내리는 봄의 아침, 목련의 얼굴이 더욱 밝고 찬란하게 보인다. 내일은 봄볕에 화려하게 피어나는 목련처럼 모두 뜨겁고 눈부신 모습으로 피어날 수 있기를.

안개꽃 인생

안개가 마법처럼 피어오른다. 공기 중의 수증기가 서로 엉키어 유령처럼 서서히 움직인다. 안개는 끊임없이 숲을 감싸안으며 숲의 윤곽을 모호하게 만들었다. 숲속에 서 있는 나무들은 어깨를 의지한 채 안개와 함께 숨을 고른다. 숲속 작은 생명들이 촉촉한 입맞춤으로 안개를 기다린다. 새벽의 첫 숨결처럼 부드러운 안개가 천천히 내려와 잠들어 있던 풀잎 위에 조용히 내려앉는다.

안개와 어둠은 마치 오랜 친구처럼 어울린다. 안개는 오묘한 그림자를 만들며 빛과 시야를 가린다. 빛이 사라진 후 찾아온 어둠은 세상을 고요히 잠들게 했다. 어둠과 안개는 서로의 존재를 완성하며 사색의 시간을 만들어 간다. 안개는 세상의 소음을 덮고 어둠은 눈에 보이는 것들을 사라지게 한다, 현실과 이상을 구분하는 경계는 언제나 흐리다. 길을 걷다 안개를 만나면 돌아서지도 벗어나지도 못하고 잠시 기다릴 수밖에 없다.

안개가 내리는 날은 바람도 소리 없이 가볍게 스치고 사라진다. 시끄러운 도시의 소음도 삶의 분주함도 잠시 손을 놓고 쉬어 가는 중이다. 거친 사물들도 부드러운 윤곽만을 남기고 안개 속으로 숨어버린다. 선명하던 너무나 선명하던 세상의 모서리들이 한순간에 둥글게 만들고 무디어진다. 그 힘은 어둠에서 오는 것이다. 나무와 집, 길, 멀리 보이던 산봉우리까지도 안개의 손길에 감싸인다. 멀어질수록 사물은 희미해져 본래의 모습은 사라지고, 시간과 공간의 경계만이 몽환적인 풍경을 만들어 내며 사방으로 흩어진다.

친구로부터 꽃 한 다발을 받았다. 안개꽃 속에 붉은 장미가 도드라지게 보인다. 하얀 꽃에 담긴 붉은 장미가 어쩐지 조화롭지 못하고 어색하다. 아침 햇살 아래서 노래하는 새와 자정을 알리는 시계의 째깍거림처럼 서로 다른 시간의 노래를 부르듯이 어울리지 않는다. 조화를 이루지 못한 삶은 방향을 잃은 나침반이 되어 앞으로 나가지 못하고 방황하게 된다. 나비와 꽃처럼 서로 조화를 이루고 화합하면 살아가면 좋겠지만, 사람들의 탐욕과 이기심으로 삶은 늘 시끄럽기만 하다.

안개와 어둠은 친구처럼 조화를 이루면서 나타났다 사라진다. 어둠은 아픈 기억도, 상처도 조용히 안아준다. 그 속에 있으면 삶이 얼마나 고독한지 생각하지 않아도 된다. 안개가 자욱하게 내려

앉은 숲은 무한한 가능성의 공간이다. 시끄럽던 세상의 일상에서 벗어날 수 있는 유일한 공간이기도 하다. 숲길을 걸으면 시간은 느리게 흘러가고 시작과 끝이 없는 듯이 자연의 이치대로 움직인다. 촉촉한 흙길에 발을 맡기고 걷다 보면 지금까지 살아왔던 삶은 멈추어서고 새롭게 앞으로 나갈 용기가 생긴다.

인간의 삶은 불확실성의 연속이다. 미래를 예측하며 계획을 세우고 삶의 주춧돌을 반듯하게 놓으며 살아가려 하지만 흔들리는 것이 인생이다. 안갯속을 걷다 길을 잃은 사람들은 높은 파도 위를 떠다니는 작은 배와 같다. 하루하루 힘겹게 살아가는 사람들, 한끼의 식사를 걱정해야 하는 사람들은 주위를 돌아볼 여유가 없다. 우리의 삶도 안갯속에 서 있으면 어디로 가야 할지 몰라 방황하게 된다.

언젠가 퇴근하는 길에 안개를 만난 적이 있다. 매일 다니던 익숙한 길도 안개에 휩싸이니 낯선 도로가 되어 버렸다. 어둠 속에서 만난 안개는 마치 나를 저승길로 인도하는 것만 같았다. 멀리서 보이는 가로등마저도 흐느적거리는 것처럼 보여 소름이 돋았다. 자동차 불빛이 안개를 헤치며 나아갈수록 불안한 생각은 머릿속을 하얗게 만들었다. 얼마나 운전대를 세게 잡았는지 한동안 어깨가 아팠다. 안개가 자욱하게 쌓인 밤은 그날의 기억으로 무서움이 되살아난다.

마음의 풍경을 흐리게 만드는 안개처럼 불안정한 마음은 명료

한 생각을 흐리게 만든다. 안개가 짙어지면 뚜렷한 형태 없이 움직이던 감정은 바닥까지 오르내리기를 반복한다. 어디로 가야 할지 무엇을 선택해야 하는지 모르는 혼돈 속에서 또렷한 답을 찾지 못한 채 방황을 거듭한다. 하지만 짙은 안개라고 해서 어둠만 있는 것은 아니었다. 그 속에 있으면 들리지 않던 소리가 들리고 보이지 않았던 것들이 보인다. 숲의 숨결, 잎사귀의 속삭임, 이슬에 젖은 나뭇잎, 어깨에 내려앉았던 삶의 무게가 점점 가벼워지기도 했다.

안개 속을 걷다 보면 소리와 냄새와 감촉이 더욱 선명해진다. 부드럽게 내리는 안개비, 풀 한 포기, 나무 한 그루, 그 속에 있는 생명들이 꿈틀대며 서로를 다독이며 애쓰고 있다. 울창한 숲속에 오손도손 살던 나무들도 어둠이 내려오면 다른 나무를 안아주기 위해 팔을 벌린다. 조금만 여유를 가진다면 자욱한 안개 속에서 모두를 품은 채 함께 떠날 수 있다.

얼마 전에 보았던 〈헤어질 결심〉이라는 영화가 생각났다. 어느 가수가 부른 〈안개〉를 배경으로 영화는 시작된다. "나 홀로 걸어가는 안개만이 자욱한 이 거리 (…) 안개 속에 외로이 하염없이 나는 간다." 영화는 계속 '안개' 이미지를 사용하여 긴장감을 조성하며 신비로운 분위기를 연출하였다. 자욱이 안개가 쌓인 강가에는 어둠이 더해져 독자들을 영화 속으로 빠져들게 하였고, 등장인물들의 내면적 갈등과 불확실한 관계를 상징하는 요소로 작용하였다. 안개는 시야를 가리고 현실을 왜곡시키며 서로의 마음속에 있는 생각들을 내보이기 어렵게 만들었다. 서로가 느끼는 심리적 거리와 오해와 비밀을 감추는 막이 안개가 되기도 하였다.

인간은 자연의 거대한 품안에서 무한한 작은 존재이다. 대자연의 웅장한 산맥과 광활한 바다 앞에서 얼마나 작은 존재인가를 느끼며 살아간다. 인간이 이룬 문명의 위대함도 자연의 힘 앞에서는 초라해질 뿐이다. 우리의 삶은 우주에서 잠시 빌려온 시간에 불과한 것이었다. 살아가다 보면 별빛 하나 없이 구름에 가려진 달빛처럼 앞이 보이지 않을 때도 있다. 희망의 등불은 멀게만 느껴지고 살아갈 힘조차 잃어버린 듯하지만, 이 또한 순간을 스쳐 지나가는 안개일 뿐이다.

순백의 꽃들이 조심스럽게 고개를 내밀어 세상을 밝힌다. 안개꽃은 그 무엇도 분명히 볼 수 없는 희미한 어둠 속에서 빛을 보내온다. 어스름했던 하늘이 점차 맑은 색으로 변하고, 따스한 빛이 세상을 비추면서 불투명하게 보이던 것들도 희망과 기대로 반짝인다.

해녀 어머니의 박꽃

어두운 밤하늘에 별빛이 쏟아진다. 마음은 고향집으로 달려간다. 별들이 하나둘씩 내려와 어릴 적 기억을 소환한다. 추억은 달빛 가득한 여름밤의 구름처럼 가득 차오르고, 기억의 조각들은 파도에 부서진다. 초가지붕 위에 하얀 박꽃이 밤이슬을 맞으며 소담스럽게 피어있다. 별 따라 흐르던 생각이 골목 어귀에 다다르면 가슴은 뛰기 시작한다. 어머니의 부드러운 손짓과 따스한 미소가 달빛 속에 숨어 여린 어깨를 가만히 쓸어 안는다.

어릴 적 살았던 집은 별채가 있는 초가집이었다. 여름이면 지붕 위에 박들이 주렁주렁 달렸다. 밤이면 초승달과 함께 어우러진 박꽃은 시골집과 잘 어울렸다. 박꽃은 여름부터 피기 시작하여 가을 끝자락에는 열매가 익어 박으로 탄생한다. 햇빛 보고 부끄러워 내외하던 박꽃은 은은한 달빛 아래 곱게 화장하고 활짝 피어난다. 낮은 기다림의 시간이었다. 밤이 되면 박꽃들이 하나둘 씩 과감한 자태를 드러낸다. 꽃들은 밤의 정적 속에서만 자신의 아름다움을 뽐낸다.

꽃잎에 달빛이 스며들어 은빛으로 물들 때 박꽃은 원래의 모습으로 빛난다. 꽃의 고유한 향기가 밤공기를 가득 메운다. 잠들지 못하는 벌레들의 날갯짓과 어울리다가 오직 밤을 위하여 밤의 꽃으로만 운명을 다한다. 밤새도록 피어나 있던 꽃들은 새벽이 오기 전에 천천히 자신의 모습을 감춘다. 짧고 간절했던 꽃의 삶은 누군가에게는 놓쳐버린 아름다움으로, 또 누군가에게는 잊을 수 없는 추억으로 남는다.

백석의 시 〈흰 바람벽이 있어〉는 내가 좋아하는 시 중의 하나다. “나는 이 세상에서 가난하고 외롭고 높고 쓸쓸하니 살아가도록 태어났다/ (중략)/ 하늘이 이 세상을 내일 적에 그가 가장 귀해하고 사랑하는 것들은 모두/ 가난하고 외롭고 높고 쓸쓸하니 그리고 언제나 넘치는 사랑과 슬픔 속에 살도록 만드신 것이다.” 백석 시인이 가장 사랑한 것 중 하나는 바구지꽃, 즉 박꽃이다. 백석의 시에 등장하는 초승달, 바구지꽃, 짝새, 당나귀의 공통점은 소박하고 아름다운 것, 헌신적이고 조용히 아름다움을 발산하는 것이다. 바구지꽃은 사람들을 위해 희생하고 헌신하는 꽃이다.

박은 버릴 것이 없다. 덜 익었을 때 속을 긁어서 국이나 박고지로 만들어 나물로 무쳐 먹었다. 조롱박은 속을 파내고 남은 박 껍

데기로는 바가지로 만들어 썼다. 지금도 절에 가면 물 마시는 용도로 흔히 볼 수 있어 향수에 젖게 한다. 나도 박처럼 세상에 도움이 되는 사람이 되고 싶었다. 그 옛날 박 재배는 별도의 텃밭이 필요 없다. 제주같이 바람 많은 지역에서는 초가지붕을 보호하기 위해 주로 박을 지붕 위에 올리고, 서리 내리는 늦가을 수확을 하였다.

박이 익어가는 모습을 떠올리면 어머니가 물질할 때 사용하던 테왁이 생각난다. 속이 단단하고 실한 박은 어머니와 닮았다. 테왁으로 사용할 박은 처음부터 형태를 잡아주며 키운다. 잘생긴 박을 앞면과 뒷면이 평평하게 이리저리 굴리면서 주인의 사랑을 한 몸에 받는다. 바닷물에서 균형 있게 뜨고 해녀들이 가슴에 편하게 얹을 수 있는 형태로 만들기 위해서다. 정성으로 키운 박이 익으면 표면에 동전 크기 구멍을 뚫는다. 속에 담겨 있는 내용물을 조심조심 꺼낸 후 몇 번 이슬과 바람으로 밤을 지새우면 마침내 테왁으로 탄생한다.

흰색의 수수한 박은 어린 나의 눈에는 여물고 단단한 어머니 삶의 모습이 담겨 있었다. 어머니는 해녀다. 이른 아침이면 밭으로 가서 일을 하다가 물때가 되면 테왁을 메고 바다로 나간다. 바다에 테왁을 던져놓고 물속으로 들어가는 어머니는 동화 속에 나오는 인어 공주처럼 날렵했다. 열두 살 때부터 할머니로부터 물질을 배워서 배꼽이 바다에서 여물었을 만큼 어릴 때부터 물질을 하면서 살아왔다. 테왁의 밧줄은 물 밖과 속을 연결해 주는 탯줄과 같은 생명줄이었다.

어떤 도구도 없이 맨몸으로 바다에 뛰어들어 해산물로 자식을 키웠던 어머니는 여전히 바다를 그리워한다. 96세라는 나이가 무색하리만치 바다에서 있었던 일을 생생하게 기억한다. 망사리를 엮었던 이야기, '박'으로 테왁을 만들었던 일, 물질한 돈으로 땅을 사고 자식들을 키웠던 일들을 넋두리로 털어놓는다. 바다는 점점 해산물이 고갈되어 가는데 어머니의 기억 속에는 그 바다가 아직도 꿈틀대고 있는 듯하다. 어머니의 바다는 여전히 자맥질 소리와 숨비소리가 푸른 물결과 함께 춤을 춘다. 파도와 갈매기들도 위로받으며 가야 할 길들이 아직 멀어 보인다. 숱한 사연과 슬픔도 모두 저희 몫인 양 멈춤 없이 자신의 길을 간다.

박이 익어가는 시간은 천둥과 번개와 바람과 싸우면서 무르익은 시간이다. 아무리 힘든 상황에서도 살아야만 했던 어머니는 둥근 박의 모습으로 자식들의 바람막이가 되었다. 이제는 박으로 만든 테왁의 모습은 사라지고 없다. 모든 상실된 것은 뒤에 여백을 남긴다고 했다. 어머니가 안고 다니던 박에는 외롭고 쓸쓸하던 세월이 담겨 있다. 그 속에 담긴 시간은 그렇게 흐르고 흘러갔다. 이마에 굽이치는 물결을 바라보며 캄캄했던 세월은 저희끼리 추억이 되고 아픔이 되었다.

세상은 기쁨과 슬픔과 관계없이 흘러가고 어머니의 시간은 야속하게도 그 계절에 멈추어 있다. 저녁 햇살 속에 한 덩이 금빛으로 반짝이는 박은 어머니와 함께하며 기억 속의 꽃으로 피어난다. 봄이 오기 전에는 겨울이 있듯이, 또 그 이전에는 신록 강렬했던 여름과 낙엽 지던 수확의 가을이 있었다. 지나온 시간은 새로운 계절의 밑바탕이 된다. 사계절은 변하고 새로운 시간은 어김없이 돌아오지만, 어머니의 시간은 다시 돌아오지 않는다.

박꽃 피는 모습을 이제는 볼 수가 없다. 어머니의 박꽃이 그리운 시간이다.

기다리는 능소화

빗물을 가득 머금은 능소화가 담장을 타고 흘러내리고 있다. 동네 골목길은 비구름이 가득하다. 더위에 지친 능소화 꽃잎이 빗물을 마시며 잠시 쉬는 중이다. 능소화의 주황색 꽃잎이 파르르 떨리고 있다.

능소화는 자연이 주는 작은 선물이다. 뜰안에 능소화를 심어 놓고 꽃이 만발하기를 기다렸다. 내가 이 꽃을 좋아하는 이유는 끈질긴 생명력으로 희망을 주기 때문이다. 척박한 환경에서도 뿌리 내리고 자라나는 능소화를 보고 있으면 인고의 아픔을 견뎌 내는 힘을 볼 수 있다. 도저히 살아남을 수 없는 조건에서도 아름다운 꽃을 피워내는 능소화는 인내의 꽃임이 틀림없다.

화려하지만 결코 천박해 보이지 않는 능소화! 그 이름에서부터 아픔을 참고 기다리는 사연을 간직한 꽃이다. 시골집 마당이

나 담벼락 어디에서나 흔히 볼 수 있는 꽃이지만, 중후하고 기품이 있다. 꽃을 주렁주렁 떨어트린 모습은 호기심 어린 눈으로 담장 너머 바깥세상을 바라보는 여인의 모습이다. 능소화는 하늘을 향해 고개를 치켜든 채 누구를 기다리고 있는지 꽃을 활짝 피우고 있다.

능소화는 '그리움'과 '기다림'이라는 꽃말을 담고 있다. 아름다움은 숨겨 두어도 드러나기 마련이다. '소화'도 그러했다. 왕의 사랑을 받았던 '소화'는 주위에 시기와 질투로 인하여 잊힌 여인이 되었다. 왕의 발길이 끊기자, 소화는 밤마다 마당을 서성이고 담 밖을 바라보며 왕을 기다렸다. 왕을 기다리다 그리움에 사무쳐 세상을 떠났다. 그해 여름 소화의 처소에 꽃이 피어났다. 먼 곳을 하염없이 바라보는 모습이 소화를 닮았다고 해서 붙여진 이름이 능소화이다.

능소화는 하늘을 능가한다는 의미를 담고 있다. 하늘에 닿을 듯 뻗어간다고 해서 하늘을 이기는 꽃이며 밤을 능가할 정도로 꽃이 환하다는 뜻이다. 얼마나 아름다웠고 얼마나 높이 자라났으면 하늘을 눈 아래로 본다고 하였을까. 능소화는 그 화려함으로 인하여 예전에는 아무 집에서나 볼 수 없이 오직 양반집의 정원에서나 볼 수 있었던 꽃이라고 한다. 그 때문에 '양반 꽃'이라고도 불렸다. 밤을 새우며 왕을 기다리던 소화는 꽃으로 환생하여 오늘도 누군가를 기다린다.

기다림은 여인의 숙명인지 모른다. 어떤 여인은 사랑하는 사람을 기다리고, 어떤 여인은 자신의 생을 이루기 위해 인고의 세월을 참고 기다린다. 능소화도 홀로 땅에 뿌리를 내리고 활짝 꽃 피울 시간을 덧없이 기다렸으리. 기다려도 돌아오지 않은 언약은 바람에 스쳐 갈 뿐이다. 기다림으로 꽃을 피워낸 능소화의 시간은 길었다.

능소화 꽃잎 사이로 햇빛이 반짝인다. 나의 삶도 흐르는 시간 속에 희망의 날개를 꿈꾸고 있었다. 집은 늘 북적거렸다. 형제가 많다는 것은 서로 조금씩 양보하며 살아야만 하는 일이다. 식구가 많아 좋을 때도 있지만 싫을 때가 더 많았다. 혼자만의 생활을 꿈꾸며 독립을 선언했다. 부모님은 좀처럼 허락을 해주지 않았다. 독립할 수 있는 길은 반듯한 직장을 구하는 일이다. 오랜 기다림 끝에 꿈꾸던 희망은 마침내 이루어졌다.

희망의 씨앗은 오랜 기다림으로 얻어지는 수확이다. 포기하지 않고 어떤 목표를 향해 걸어갈 때 그 안에 씨앗이 어물어져 간다. 새로운 시작과 도전을 기다리는 시간이었다. 낙엽 굴러가는 소리에 까르르 웃어대던 젊은 날에는 로맨틱한 사랑을 꿈꾸었다. 밤을 도와 우아하게 핀 능소화가 바람을 맞으며 조용히 흔들리고 있다. 소중한 인연이 나타나기를 소망하는 시간이었다. 능소화처럼 기다리는 삶을 가슴에 품고 살아왔다.

직장 생활은 서서히 지쳐가고 삶의 무게는 더없이 무거워졌다.

꽃 지는 날만 슬픈 것이 아니었다. 무기력하게 흘러가는 시간과 서서히 사라져 가는 희망은 떨어지는 꽃잎만큼 밤새 흩날렸다. 시간은 흘러가고 세월은 흩어져 희미해졌다. 힘들어도 피어나는 능소화의 패기는 자꾸 사라져 갔다. 나는 무엇을 기다리고 있는가. 아직도 이루지 못한 꿈은 무엇인가. 여름날의 폭염 속에 피어나던 젊은 날의 사랑도, 눈물로 수척이는 가을날의 낙엽도 하나둘 사라졌다.

능소화가 무리를 이루고 피어 있는 모습은 우리의 삶과 같다. 가정을 이루고 살아가는 일은 결코 쉬운 일이 아니었다. 사랑하는 사람에게 아픔과 상처를 안겨주기도 한다. 때로는 시로를 미워하며 용서하기도 한다. 그러면서 또 내일을 기다린다. 기다림이란 조금씩 사라져 가는 희망을 살려 가는 것, 사랑한다는 것은 다시 태어날 그리움을 키워내는 것이다.

능소화의 삶은 아무리 척박한 환경에서도 뿌리를 깊게 박고 뻗어나간다. 아름다운 꽃을 피우기 위해 모진 바람을 이겨내듯이, 어려움과 역경을 만나 흔들릴 때마다 내면의 강한 의지로 악착같이 살아왔다. 이 세상에 상처 없는 삶은 없다. 생각하지 못한 고난이 앞을 가로막을 때가 한두 번이 아니었다. 자신만의 아름다움을 세상에 선사하듯이 나의 삶도 능소화처럼 단단한 뿌리를 내리고 싶었다. 꽃은 필 때도 질 때도 울지 않는다.

이 여름이 지나가고 나면 꽃도 잎도 다 떨어질 것이다. 앙상한 줄기만 돌담 벽에 남긴 채 살아갈 거다. 모두 벗어 던지고 가벼워지니 흔들림도 없다. 세상에 무엇을 남겨야 한다는 고민도 없다. 늙고 병들어 죽음을 피할 수 있는 존재는 없다. 능소화는 여름이 오면 또다시 꽃을 피워내겠지만, 우리는 꽃을 피우지 못한다. 피지 않을 꽃의 흔적을 바라볼 뿐이다.

치열하게 살아왔던 젊은 시절은 돌아오지 않는다. 끊임없이 솟아오르던 새로운 삶에 대한 욕망도 사라지고 생각은 점점 수채화 물감 번지듯 흐려진다. 봄날에 피어나는 꽃을 바라보며 가슴 설레던 시절도 있었다. 능소화가 잎을 다 떨구어 알몸을 드러낸 모습은 아쉬움만 남은 절망의 시간을 보는 듯했다. 얼마나 더 많은 시간이 지나야 이런 기다림과 아쉬움의 시간이 없어질까.

모든 것이 떨어져도 시간은 나에게 마지막 희망을 줄 것이다. 누군가를 기다리며 아름답고 찬란하게 피었던 능소화처럼 인생은 다시 찬란한 꿈을 안고 담장을 넘어올 수 있을까.

돌아온 제비꽃

땅속에서 작은 생명이 깨어난다. 양지바른 곳에는 벌써 새싹들이 앞다투어 자기만의 빛깔을 드러내며 봄꽃 세상을 알린다. 밤하늘의 별들이 밤잠을 설치다 유성이 되어 떨어지듯이 꽃들은 작은 꽃잎을 펼치며 움직인다. 제비꽃은 삭풍 부는 긴긴날을 이겨내고 슬몃슬몃 또 다른 계절의 시간을 맞이한다.

강남 갔던 제비에게 어서 고향집으로 돌아오라는 기별을 전하려는지 서둘러 제비꽃이 피었다. 꽃이 피기 전까지는 잡초인지 꽃인지 구별하기가 어렵다. 그만큼 주변에서 흔히 볼 수 있던 꽃이다. 한때는 잡초인 줄 알고 제비꽃을 몽땅 뽑아 버린 적이 있었다. 제비꽃은 그 작은 몸집에 버거울 정도로 많은 씨방을 가지고 있다. 동물이나 식물이나 자기의 종식 번영을 위해 빼꼭히 씨앗을 품고 있는 모습은 숭고하다. 씨앗을 바람결에 날리며 번식시키려는 몸부림이 눈물겹도록 시리다. 사람의 눈길을 받고 자라는 장미나 백합과는 다른 청초한 아름다움을 지니고 있다.

제비꽃의 유래는 그 모양이 제비를 닮아서 유래했다는 이야기와 꽃의 생김이 오랑캐의 머리채를 닮아서 그렇게 부른다는 이야기도 있다. 그리스 신화에 의하면, 양치기 소년 '아티스'가 아름다운 소녀 '이아'의 진실한 사랑을 모른 척해서 '이아'가 죽어 제비꽃이 되었다고 한다. 이름의 사연이야 어떻든 제비꽃은 순한 아기처럼 초롱초롱 이쁘게 피었다.

제비가 돌아왔다. 며칠째 처마밑으로 두 마리 제비 정찰대가 왔다갔다 탐색하더니 드디어 집을 짓기 시작한다. 제비는 땅의 기운을 감지하여 새끼들이 건강하게 자랄 수 있는 곳에 터를 잡는다. 그곳에서 부화하여 커가는 제비 가족의 웃음소리가 담을 넘는다. 제비 새끼들은 무슨 할말이 그리 많은지 한시도 쉬지 않고 수다를 떤다. 웃음소리가 많은 것을 보니 분명 행복이 가득한 집이다.

제비 새끼를 보면서 젊은 시절에 아이들 키울 때가 생각났다. 직장 생활로 몸은 힘들고 고달프지만, 아이들 웃음소리가 있어 행복하였다. 화려한 삶이 아니어도, 자유를 누리는 삶이 아니어도 평범한 가족들과 한 가정을 누리고 살 수 있다는 작은 일상의 행복이 나를 떨리게 했다. 특별하지 않은 보통의 존재로서 나의 삶을 꾸려갈 수 있다는 것보다 소중한 행복이 또 있겠는가. 제비집도 그런 공간이었을 거다. 온종일 자식들의 먹이를 구하기 위해

동분서주하던 어미 제비가 집으로 돌아와 고단한 하루의 날갯짓을 내려놓는다.

먹이를 찾아 떠난 어미를 기다리는 새끼들의 작은 날개가 가볍게 떨린다. 어미 제비가 돌아올 때쯤이면 새끼 제비들의 날개 끝에서는 작은 종소리가 울리기 시작한다. 새끼들은 입을 크게 벌리고 어미 제비가 물어온 먹거리를 서로 받아먹기 위해 야단법석이다. 작은 미물의 세계에서도 치열한 생존 경쟁은 시작된다. 힘이 약한 제비는 형들이 밀어내는 힘에 부쳐 바닥으로 떨어져 고귀한 생명을 마감하기도 한다.

지난 삶을 돌이켜보니 인생살이란 꽃이 피고 지는 과정과 같았다. 꽃봉오리가 맺기까지 숱한 삶의 고통과 슬픔이 곳곳에 숨어있다. 인간은 아픔을 통해 성숙해지고 어른이 된다. 한 생명이 태어나기까지 살을 에는 아픔을 감수하면서 어미가 되었다. 출산과 양육의 책임을 진 어미 새들이 분신 같은 새끼들을 키우며 여자에서 엄마가 된다. 자식을 키우는 일은 한 송이 꽃을 피우는 것과 같다. 작고 연약한 존재이었지만 사랑과 보살핌으로 조금씩 자라서 아름다운 꽃으로 피어난다.

자식이 성장하는 동안 삶의 무게는 갈수록 어깨를 짓누르지만, 어린 자식을 키우고 독립시키는 데서 삶의 보람이 생겨난다. 어느덧 아이들은 성장하여 제 삶을 찾아 떠난다. 떠나는 것은 슬프고 허전한 일이다. 이 방을 봐도 저 방을 봐도 흔적을 남기고 떠난 새끼들의 빈 둥지가 보인다. 서늘한 바람 한 자락이 아이들이 떠난 자리를 휑하니 지나간다.

새끼들은 더 큰 세상으로 떠났고 빈 둥지에는 부부 제비가 덩그러니 남아있다. 제비가 떠난 오후에 허락도 받지 않고 제비집을 헐었다. 긴 빗자루를 들고 흙가루를 뒤집어쓴 집을 헐어버렸다. 흙먼지를 물로 씻어내다가 문뜩 내년에 제비가 다시 찾아와서 집을 못 찾으면 어쩌나 하는 걱정을 했다. 아무리 잠시 살다가 떠난 집이라 해도 제비들에게는 세상에 하나뿐인 포근한 집이었을 거다. 삶이 외롭고 힘들 때 찾아가는 그늘 같은 집이었다.

사람이나 동물이나 머물던 자리는 그리운 법이다. 살았던 둥지는 추억과 기억이 담겨 있는 곳이기에 더 돌아가고 싶어 한다. 젊은 날은 잠시 꽃이 피고 지던 사이에 쏜살같이 지나가 버렸다. 기쁨과 눈물이 담겨 있던 제비꽃이 피고 지던 고향으로 돌아가고 싶다. 새봄을 준비하는 나에게 꽃은 진한 향기로 거듭 태어날 것이다.

제비꽃은 수풀 속에서 고개 숙인 채 누군가와 아름다운 사랑이 이루어지길 소망해 본다. 잠시의 만남이라도 좋다. 아름다운 들판에서 화려한 꽃과 즐거운 새들과 함께 속삭이고 싶다. 나도 이 세상에서 누군가 바라봐 주는 꽃이 되고 싶었다. 그동안 오가는 행인의 거친 발길에 밟히면서 환영받지 못하는 꽃이었다. 얼마나 오랫동안 아무도 돌보지 않는 외로운 꽃으로 살아왔느냐.

거칠고 모진 세상의 바람에 떨지 않으려고 옷을 두껍게 입었다. 흔들리지 않으려고 몸을 숙이고 큰 나무를 힘껏 붙잡고 섰다. 아무리 그래도 나를 흔드는 바람은 한낱 바람일 뿐, 끝내 그 바람은 지나가고 말 것이다. 나는 이 세상의 풍파를 이겨내고 말 것이다. 살아오는 동안에 얼마나 많은 흔들림이 있었던가. 그 모든 흔들림을 잘 참아내며 열심히 살아왔기에 지금의 삶이 있는 것이다.

한세상을 살다가 마지막으로 가는 곳은 어디일까. 그곳에도 제비꽃은 피고 있고 제비는 돌아올 수 있을까. 저토록 많은 아쉬움으로 남아 사라져 가는 노을, 저 노을이 지고 나면 지난 한때의 광휘마저 서둘러 어디로 사라져 버리겠지. 제 갈 길을 잃어버린 제비 한 마리가 허전한 울음소리를 내며 집 근처를 헤맨다. 제비와 제비꽃은 봄이 되면 돌아오지만 한번 떠난 우리네 삶은 돌아오지 못한다. 제비꽃이 제비로 태어나 창공을 자유롭게 날아 내 곁으로 돌아오기를 기다린다.

복사꽃 연가

봄 햇살이 창가에 안겨 온다. 햇살 속으로 봄바람이 살랑살랑 일렁인다. 돌담 모퉁이 복숭아나무는 꽃봉오리를 수줍게 품고 있다. 활짝 핀 꽃보다 앙증맞게 맺혀 있는 꽃봉오리가 마음을 설레게 한다. 어디선가 복사꽃 향기가 날아온다.

복사꽃 한 송이가 상큼하게 고개를 내밀었다. 분홍색 꽃잎 속에 무슨 사연을 숨겨 두었는지 더 붉게 보인다. 꽃은 화려한 이목구비를 자랑하는 성숙한 여인처럼 아름답다. 흔히 복사꽃은 도화桃花라고 불린다. 얼마나 꽃이 아름다우면 도화라 했을까. 그 속에는 진정한 사랑과 희망 그리고 순수함이라는 의미가 담겨 있다. 복사꽃은 누군가의 시린 가슴을 포근히 안아주는 꽃이다. 활짝 핀 꽃에는 달콤한 향기가 난다. 복숭아나무를 울타리 안에 심으면 아름다운 도색桃色으로 아낙네의 치마폭에 봄바람이 인다고 했다.

복사꽃 때문일까. 봄이 되면 어디론가 가서 누군가를 만나고 싶어진다. 꽃이 활짝 피면 사람들은 서로에게 안부를 묻는다. 누구를 향한 그리움인지 꽃망울도 부푼 가슴을 안고 터지려 한다. 산과 들에 꽃이 만발하면 수줍은 새색시 마음이 된다. 꽃 한 다발 꺾어서 누군가의 가슴에 안겨주면 홍조 띤 얼굴로 화답한다.

꽃은 사람의 마음을 행복하게 하고 허기를 달래준다. 복사꽃은 한겨울의 한파를 견디고 화사하게 피어나기까지 오랜 인내가 필요했다. 후회와 고뇌 없는 삶이 어디 있으랴. 의지와 상관없이 다가오는 바람과 비를 끌어안고 환희로 꽃을 피워냈다. 고운 뺨에 피어난 복사꽃은 사람들의 마음을 뒤흔들어 놓는다. 분홍빛 도화는 살랑거리며 벌들을 유혹한다.

봄바람이 불어서 잔물결이 일면 마음도 분홍빛 꽃처럼 붉어졌다. 첫사랑은 봄꽃이 오듯 그렇게 왔다. 가슴 시리게 사랑했던 날에도 꽃잎은 휘날렸다. 하루하루가 무지개처럼 피어나 찬란했던 시절이다. 사랑은 예고 없이 다가와 뿌리를 내리고 새싹을 키운다. 꽃향기에 취한 듯 가슴을 흔들고 지나갔다. 꽃비를 내려주던 사람에게 주었던 순수한 사랑은 그리움으로 남았다. 지금 나는 어디쯤 흘러가고 있을까. 기억 속의 첫사랑 얼굴이 미소 지으며 다가온다.

누구에게나 그렇듯이 첫사랑은 쉽게 이루어지지 않는다. 온종일 꽃비가 내리고 밤하늘에 별들이 쏟아졌다. 밤이 찾아오면 그리

움은 어둠 속에서 홀로 꽃을 피웠다. 은근한 복사꽃 향기가 어둠에 짓눌린 마음을 슬며시 풀어낸다. 첫사랑은 분홍색 꿈을 주었지만, 한순간에 사라지는 물거품 같았다.

첫사랑은 우정과 사랑의 구분할 수 없는 경계에서 서성거렸다. 이루지 못한 사랑은 오래도록 가슴에 남아 더욱 그리운 법이다. 사랑한다는 것은 그 사람의 슬픔, 행복, 고통도 함께하는 것이다. 뿌리가 깊지 못한 사랑은 눈부신 봄날처럼 쉽게 다가오지 못하며 작은 고통에도 바람 앞의 촛불처럼 흔들렸다.

첫아이를 임신해서 가파른 나날을 보내고 있을 때 잊고 지내던 사람을 다시 만났다. 복사꽃이 분분하게 나리던 날, 은행 창구에서 우연히 그를 다시 보았다. 첫사랑은 변한 서로의 모습에 깜짝 놀라는 표정이다. 부끄러웠다. 제대할 때까지 기다려 달라는 당부를 들어주지 못했다. 그 사람은 무슨 생각을 할까. 미묘한 감정이 파도처럼 일렁거렸다. 서로가 어색한 눈빛만 교환한 채 거리로 나왔다. 제 키만큼 무르익지 못한 사랑은 쓴 미소로 남아 애잔했다. 복사꽃 꽃말처럼 진정한 사랑은 영글지 못한 꽃씨가 되어 바람결에 너울댔다.

분홍색 꽃잎이 분분히 떨어지고 있다. 나란히 꽃비 맞으며 앉아 있던 수줍은 첫사랑은 시간 속에서 멀어져 갔다. 바람결에 날리는 꽃잎을 바라보며 가버린 세월에 눈시울이 젖어온다. 밤마다 꽃 진 자리에 그리움만 남았다. 나도 한때는 복사꽃이 되고 싶었다. 들판에 돌보는 사람 없이 피어나는 꽃이지만 당당하고 아름다운 꽃이 되길 원했다.

사랑을 품은 복숭아나무 가지에 봄바람이 일렁인다. 젊은 날의 사랑은 세월 앞에 흐려지는 안개처럼 아른하다. 복사꽃이 피었다는 소식을 그이에게 전하고 싶다. 그곳에도 복사꽃은 피고 있는지 묻고 싶었다. 복사꽃 꽃잎이 흩날리면 봄 앓이를 하곤 했다. 풀잎에 이슬처럼 영롱한 꿈을 꾸던 시절이다. 꾹꾹 눌러쓴 편지에는 사랑이 한가득 담겨 있었다. 절절했던 그리움도 첫사랑도 살며시 봄바람을 타고 복사꽃과 함께 흘러가 버렸다. 분홍색 꽃잎이 그리움을 안고 시들어가도 첫사랑은 남아 있었다.

첫사랑은 숨죽인 모든 기억에 살아 꿈틀댔다. 밤하늘의 반짝이는 별 속에 숨어있었고, 갑작스럽게 내리는 밤비와 함께 떨어졌다. 혼자 흐느끼다 애처로운 눈빛으로 떠다니며 나에게 다가왔다. 사랑은 눈에서 보이지 않으면 멀어지고 잡으려 하면 더 멀리 도망간다. 다가서면 멀어지는 사막의 신기루와 같았다. 활짝 핀 아름다운 꽃처럼 순수한 삶을 살고자 했던 열정은 세월에 무디어져 갔다.

흩날리는 복사꽃은 첫사랑의 기억으로 남았다. 첫사랑은 한순간에 떨어지는 꽃잎같이 허무하고 짧았다. 제대로 꽃 한번 피워보지 못한 채 시들고 말았지만, 젊은 날의 아픈 추억을 가슴속에 하나쯤 남겨 놓아도 좋았다. 창가에 복사꽃 한 다발을 살포시 내려

놓으며 미소 지어 본다. 가을 겨울이 지나고 다시 봄이 온다면 햇솜 같은 마음으로 사랑하리라.

만발한 복사꽃은 봄 하늘에 마지막 겨울눈처럼 흩날리고 있다. 복사 꽃잎처럼 풋풋했던 첫사랑도 붉게 피었다가 흩어져 바람결에 사라져 갔다. 아쉬움과 그리움만 남기고 너울너울 어디론가 날아간다. 새로운 인생의 봄을 가져오겠다는 듯 어디선가 날아온 나비가 복사꽃 향기와 함께 아롱대고 있다. 복사 꽃잎이 눈처럼 날리는 길을 오늘도 걸어본다.

4부

꽃이여, 떠나지 마라

聖 숲 俗

겨울나무 곁에서

자작나무 숲에서

오동잎 떨어지고

팽나무, 꿈을 꾸다

사랑의 찬가

꽃이여, 떠나지 마라

봄이 왔다. 기다리지 않아도 봄날은 한아름의 꽃을 안고 찾아온다. 어디에 숨어있다가 저리 다급하게 나타나는지 한가득 사연을 품고 봄은 어김없이 나타나 꽃세상을 만든다. 꽃은 어떻게 제가 피어날 시기를 기막히게도 아는지 한 꽃이 얼굴을 감추려 하니 또 다른 꽃이 나타나 봄바람에 흔들린다. 자연은 어김없이 차례대로 꽃을 세상에 내민다. 어지러운 세상사야 어떻게 돌아가든 자연의 이치는 꽃의 향연을 이룬다. 겨울을 이겨낸 복수초와 노루귀 같은 초봄의 전령들이 일찌감치 다녀가자 연이어 살구나무, 매실나무, 벚나무가 봄소식을 알려 온다. 남쪽에서 연일 화신花信이 들려오더니 들판에는 진달래, 개나리, 벚꽃이 절정을 이루며 꽃망울을 터뜨린다.

꽃잎에는 미처 떨어지지 못한 이슬들이 반짝인다. 꽃잎이 열리고 꽃가지가 흔들리면 아침 햇살이 밝아오고 봄빛이 살아난다. 꽃을 보고 있으면 근심과 고뇌가 모두 사라지고 마음이 평온해진다. 꽃은 언제부터 피고 지기를 거듭하면서도 의미 없는 몸짓을 보이지 않는다. 누가 저리 엄숙한 적막과 경건한 고요를 지닐 수 있을까. 그러면서 봄을 만들어 내고 세상살이가 힘든 사람들에게 따뜻한 마음을 전해준다. 형형색색 다른 모습으로 피어나면서도 미움과 다툼도 없는 공생의 모습을 보인다. 꽃들이 피어나는 세상은 희망과 기쁨을 전해주며 고단한 삶에 색채와 향기의 향연을 베풀어준다.

장미의 계절이 오면 붉은 덩굴장미는 담장을 타고 올라간다. 붉은 가슴을 내밀며 흐드러지게 피어나 유월의 뜨거운 햇살과 사랑을 나눈다. 무엇을 위해 저리도 도도하게 피었다가 하룻밤 사랑을 나누고 속절없이 사라지는지. 붉게 피어난 장미의 마음에 휑하니 남실바람 한줌이 스치고 지나간다.

벚꽃보다 찬란하게 피었다가 허무하게 지는 꽃도 없다. 봄날 사람들의 마음을 송두리째 뒤흔들어 놓다가 눈꽃 사라지듯 한 시절 인연을 흔적도 남기지 않고 가버린다. 한평생 살아가고 사랑하는 일이 그렇게 힘들고 어려운 일이라는 고백을 남기듯 그리움도 아쉬움도 없이 모두 사라진다. 영원히 살 것처럼 큰소리를 쳐 보지만 순식간에 지는 벚꽃은 허무한 삶을 끝낸다.

모든 꽃은 자신의 화려함과 아름다움을 과시하며 살아가지만,

세상과 인생의 아픔과 슬픔을 다 삼키고 있다. 아무리 화무십일홍花無十日紅이라 하지만 꽃이 피고 지는 것을 보노라면 인생의 한 장면을 보는 듯하다. 그들은 제 삶을 다 마치고 나면 아무리 이름을 불러도 뒤돌아보지 않고 사라진다. 힘들게 피던 순간과 서럽게 떨어지는 영원 사이에서 배회한다. 아무리 손을 잡으며 따라가도 대답하지 않는다. 밤하늘에서 유성이 덧없이 사라지듯이 꽃에는 세상의 아픔과 상처가 잉태되어 있다. 떠나는 저녁노을처럼 사람도 떠나고 꽃들도 하나둘 떨어진다. 그래서 법정 스님도 "살아있는 것은 아픈 것, 아름다운 것은 어지러운 것"이라고 하지 않았던가.

우아한 자태를 뽐내는 장미도 백합도 목련도 언젠가는 시들어 세상을 떠난다. 어두운 이 세상에서 아직도 빛이 사라지지 않는 것은 꽃들이 떠난 자리가 아름답기 때문이다. 꽃들의 화려함과 숲의 고요한 푸르름 속에서 우리는 편안해지고 걱정이 사라지기를 기원한다. 그래서 꽃과 나무와 풀들이 푸른 하늘과 조화롭게 위로와 안식을 안겨준다. 꽃은 기다림과 그리움을 어딘가로 퍼 나르는 홀씨가 되어준다.

오늘도 은밀한 숲길을 천천히 걸으며 하루를 위한 위로와 내일을 위한 희망을 바라보고자 한다. 숲의 푸르름은 언제나 편안함과 따뜻함을 선물한다. 숲에 자리한 꽃의 요정은 고단한 삶을 보듬어주고 지켜줄 그리움의 모음이다. 지친 마음을 토닥여 주고 진심 어린 위로의 언어를 들려주는 어머니의 목소리다. 바람에도 흔들리지 않고 묵묵히 자신의 길을 지키며 어머니는 나의 꽃이 되어주었다. 꽃과 숲은 무한한 생의 진화를 보여주고 있다. 화려한 꽃들은 생명력을 가진 요정으로 태어나 세상의 힘들고 어려운 곳에 위안을 가져온다. 어두운 이 세상에서 아직도 빛이 사라지지 않은 것은 아름다운 꽃과 푸른 숲이 두터운 인연으로 맺어져 있기 때문이 아닐까.

들판에서 풀벌레 소리를 사라지게 하고 꽃이 피어나지 못하게 만드는 것은 모두 인간 때문이다. 사람들은 과실 나무에서 더 많은 열매를 맺기 위해 혈안이 되어 있다. 떨어지고 말라가는 누런 꽃잎에 기대어 울고 싶은 적이 여러 번이었다. 욕망은 누린 만큼 치러야 할 고통이 뒤따른다는 것을 왜 사람들은 알지 못하는 것일까. 이런 사실을 모르는 듯 인간은 활기에 넘치지만, 나무와 꽃은 점차 생명을 잃어가고 있다. 지구가 아프다고 아무리 소리쳐도 알아듣지 못하는 인간, 불안감 때문인지 꽃들은 계절을 가리지 않고 막 피어난다.

봄이 오면 봄꽃으로부터 자연의 생명력을 느끼고, 겨울이 되면 제 몸을 추스르는 기다림의 시간을 바라본다. 꽃들이 피어나고 나무들이 싹을 트는 모습과 교감하는 이 순간이야말로 진짜 함께 살아가는 시간이 아닌가. 꽃이 피고 지는 동안에 얼마나 가슴 졸이며 그들을 바라보았던가. 나도 꽃이 되고 싶었고 아름다운 향기를 풍기며 세상을 밝히고 싶었다. 이 험하고 거친 세상을 살 만한 곳으로 만들 수 있는 것은 자연의 힘뿐이다.

그렇지만 꽃이 피면 날아와야 할 나비와 벌이 자꾸 사라져 간다. 꽃 피는 시기가 점점 빨라지고 열매를 맺지 못하고 있다. 인간의 탐욕으로 인해 생명체가 살아남기 어려운 세상이 되어간다. 이 번잡한 세상에서 꽃을 만날 수 있는 숲과 정원이 있다는 것은 축복된 일이다. 꽃과 나무가 없어지고 벌과 나비가 사라지는 세상을 상상할 수 없다.

해마다 봄은 쉽사리 오지 않는다. 멀리서 눈치를 살피며 망설이다 조심스레 다가온다. 봄꽃들도 숨어있다가 조금씩 숨결을 고르며 어느 날 갑자기 피어났다가 갑자기 사라진다. 우리가 만나야 할 벚꽃도 벼락처럼 세상에 나타났다가 작별의 인사도 없이 금세 떠나고 만다. 붉게 물들었던 낙엽은 한순간에 떨어지고, 찬란하던 국화와 백합도 잠시 우리와 만나고 한 시절을 마감한다. 우리를 황홀하게 만들던 모든 꽃은 금세 떠나버리고 없다. 초봄에 만난 매화와 진달래, 가을에 피는 국화에 이르기까지 더불어 피고 지던 시간, 노을이 저물어오는 영마루에 서서 아무리 불러도 대답이 없어라.

세상이 온통 꽃이 되어 서로를 그리워하고 꿈꾸며 살 수 있다면 이 세상은 얼마나 평화롭고 아름다울까. 어여쁜 눈망울과 뜨거운 가슴을 지닌 너의 모습을 보기 위해서 우리는 얼마나 더 오랜 시간을 기다려야 할까. 너는 은총으로 영원히 내 곁에 남아 있어라.

꽃이여, 떠나지 마라.

聖숲俗

오늘도 숲길을 걷는다. 마음이 공허한 날에는 숲으로 가서 우주의 소리를 들어본다. 숲은 빛과 어둠이 어울려 환호하며 나를 맞아준다. 빛의 움직임은 깊이 들어갈수록 어둠 속으로 잠긴다. 제 몸의 소리는 다 비우고 우주의 유성음으로 속을 가득 채운 채 웅성댄다. 흐느끼며 살아가는 삶처럼 숲은 여기저기서 서걱대며 연주를 한다. 나무와 새들과 바람 소리는 서로를 다독이며 합창을 이룬다. 어두운 밤하늘의 별들이 그들과 어울려질 때는 더욱 교교한 음과 색이 마음을 흔든다. 내 인생은 언제면 저런 득음과 채색의 경지에 이를 수 있을지.

숲은 성전이다. 숲은 푸르름으로 이루어질 가능성의 세계이다. 푸름은 무엇이든 생명을 만드는 심층이며, 어둠을 빛으로 밝히는 근원이다. 무엇인가를 살아나게 하는 유有, 무엇도 소진시킬 수 없는 뿌리이다. 부패하고 훼손될 수 있지만, 결코 소멸되지 않으면서 거기서는 모든 것이 다시 시작한다. 삼라만상의 시원에서 생명의 탄생과 죽음, 그리고 부활의 성스러운 윤회를 본다.

천년을 지탱해 온 거목들이 하늘을 바라보며 서 있는 숲속에 있으면 신선한 바람이 세상에 찌든 몸과 마음에 생기를 불러일으킨다. 나와 나무는 한 몸이 되어 서로 숨결을 주고받는다. 어둠의 숲속에서 새롭게 태어난 어린 새의 울음소리가 찌르륵 찌르륵 새어나온다. 숲은 신성한 소리와 색채를 간직하며 온전한 생명의 세상을 이루고 있다.

숲은 저물어가며 아직도 오지 않은 누군가를 기다린다. 아까시나무, 소나무, 후박나무가 모두 하나로 어우러진다. 두견이, 직박구리, 부엉이가 한 가족이 되어 살아간다. 울고 웃으면서 추위와 비바람 속에서 서로 감싸주고 품어가면서 살아가는 곳이 숲이다. 숲에서 나는 성자가 된다. 숲으로 오는 사람은 모두 성자가 된다. 나무들 이야기에 귀를 기울이면 세상의 잡다하고 쓸모없는 소리가 모두 사라진다.

숲으로 가보았는가. 몇 백 년 묵은 아름드리나무들이 서 있는 숲에 가보라. 건장한 외모와 푸른 모음들, 이 세상에 생명을 불어넣어 준 어머니의 품이다. 푸름을 통해 적층의 세월을 본다. 봄이 오는가 싶더니 세상은 연두색으로 변했다. 지난겨울의 잿빛을 물리치고 봄비가 내리고 산천에는 온통 연두가 밀려왔다. 연두는 어

둠과 슬픔을 이겨낼 수 있게 하는 위안의 색이다. 어둠을 넘어선 연두 덕분에 숲은 푸르게 물들어 초록의 시간을 맞이한다. 초록으로 살아 술렁이는 생명의 움직임을 만져본다. 나는 얼마나 살아야 저 연두와 초록의 시간을 함께 나눌 수 있을까.

숲에 가서야 알게 되었다. 나무들이 함께 모여야 비로소 숲이 된다는 것을. 아무리 큰 나무라 해도 혼자서는 숲을 이룰 수 없다는 것을. 혼자 선 나무는 언제나 혼자일 뿐, 숲이 될 수 없었다. 나는 왜 세상에서 홀로 떠돌며 숲에 들어오지 못했던가. 진작부터 이곳으로 들어와 나무와 새들과 함께 걸으며 푸른 삶을 살지 못했던가. 수많은 잎이 우수수 몸을 떠는 소리가 들린다. 그것은 생존을 위한 몸부림인가. 이별을 준비하는 애도인가. 숲에서도 만남과 이별이 있고 사랑과 증오가 있었다.

어디선가 새들이 우는 소리가 지구를 흔드는 굉음처럼 고요한 숲의 정적을 깨뜨린다. 나무의 깊은 침묵을 흔들어 깨우고, 풀잎 사이를 스치는 메아리는 단풍잎 선연한 계곡 따라 낮게 기어가다 숲속 깊은 곳으로 사라진다. 삶의 가치란 무엇인가. 나의 존재는 무엇이며 세상에서 살아가는 생명은 어떤 의미를 지닌 것인가. 숲속의 저들은 어떤 증오나 적의도 없이 모든 것을 서로에게 베풀어 준다. 아름다운 꽃을 피워 세상을 즐겁게 하고, 계절에 따라 온갖 열매를 맺어 나누어주고, 죽어서는 천년 주목이 되어 삶과 죽음의 의미를 우리에게 알려준다.

이곳에서는 누군가를 제압하기 위한 다툼도 살아남기 위한 배신도 없다. 시기도 질투도 없이 상조하고 공생하는 마음으로 숭고하다. 누가 이곳을 다스리기 위해 애쓰지 않아도 모든 것이 평온하다. 숲에서는 소중하고 눈물겨운 순간을 위하여 바람 소리만이 서로를 위로하며 스쳐 지나간다. 모두 공존하며 평안한 삶을 얻기 위해 노력한다. 공양도 필요 없이 서로를 품어주는 자체가 바로 부처의 마음이다. 숲에서 살아가는 생물들의 가없는 공양과 헌신을 보면서 문득 삶의 길이 무엇인지를 배운다.

일생 가족을 위해 헌신하다 가신 아버지는 마지막 가는 길을 수목장樹木葬으로 선택했다. 꿋꿋하게 자식들을 위해 살아오신 아버지이지만 그의 더운 피가 흐르던 몸은 한줌의 재가 되어 숲에 뿌려졌다. 숲속의 나무들은 이승과 저승 사이를 넘나들면서 흔들리고 있었다. 식은 재가 되어 숲에 뿌려지는 아버지의 마지막을 보면서 가족들은 오열했다. 하지만 나는 한 생존의 시작과 끝이 보여주는 뜨거운 소리와 빛을 보았다. 바람에 흔들리는 나무를 바라보면서 생과 사의 경계를 생각하는 동안 아버지의 생은 불귀의 바람 속으로 날아갔다. 어디로 가는지 그 끝을 알 수 없는 저녁 햇살 한줌이 서산마루로 망연히 사라지고 있었다.

숲은 인간 세상과 다르지 않은 생존의 몸부림이 이루어지는 곳이다. 부서진 희망들이 다시 타오르고 뜨거운 사랑의 마음이 피어나는 곳이다. 덧없이 우리 곁을 떠난 사람들의 헐벗고 서러운 영혼들을 달래려고 온통 웅성댄다. 그렇지 않고서야 새와 벌레와 풀잎들이 어찌 저렇게 슬피 울어대겠는가. 낙엽을 안고 말라가는 겨울나무들, 하나둘 사라져가는 서러운 새들은 얼마나 한스러운 가슴을 지니고 있을까.

숲에서 내가 가장 좋아하면서도 가장 미워하는 새는 뻐꾸기이다. 뻐꾸기 울음소리는 숲속의 새들 울음 중에서도 가장 애절하다. 오늘도 저들의 울음소리는 처절하게 숲과 산으로 메아리쳐 간다. 자신의 사랑하는 새끼를 다른 둥지에 맡겨 놓고 부화하고 자라는 것을 보아야 하는 어미는 주변을 서성거리며 피 울음을 울 수밖에 없었다. 탁란托卵의 숲에서 뻐꾸기의 울음은 절규이다. 인간에게서든 새에게서든 참으로 생의 시간은 길고도 아프다. 여름날 생존을 위한 배반의 소리는 숲속에서 깊게 메아리친다.

숲속 어딘가에서 다람쥐들이 겨울 준비를 위해 분주히 움직인다. 사람들이 도토리를 모두 독차지해 버리기 전에 그들도 긴 겨우살이를 준비해야 한다. 인간의 욕심에 맞서겠다는 듯 다람쥐들의 탐욕도 예사롭지 않다. 먹을 양보다 훨씬 많은 도토리를 한껏 모아 땅속에 숨겨 둔다. 아둔한 다람쥐들은 숨겨 둔 양식이 어디 있는지를 찾지 못한다. 자신이 못 먹을지언정 끝까지 손에 쥐고 있으려는 인간의 욕심과 다를 바 없다.

숲은 성스러운 곳이면서 세속적인 곳이다. 나를 일렁이게 하던 사랑의 순간도, 나를 사로잡던 모든 욕망도 시간의 기억 저편으로 사라질 것이다. 마침내 나의 삶도 마른 낙엽처럼 탈색한 채 곧 흙으로 돌아가야 할 시간이 올 것이다. 숲을 두근거리고 수런거리게 한 것들이 모두 어디로 갔느냐는 물음은 숲을 향한 새로운 존재의 질문이다. 새들도 모두 떠나고 헐벗은 나무만 남았을 때도 나는 삶이 무엇인지를 가르치는 숲속에 있을 거다. 꽃이 피고 새가 울고 초록이 무성한 숲이 될 때까지 새로운 삶을 기다릴 것이다.

탁란托卵

뻐꾹~뻐꾹~!

먼 산에서 뻐꾸기 우는 소리가 애절하게 들려온다. 뻐꾸기 울음소리는 여름이 성큼 다가왔음을 알려준다. 초여름 새벽의 여명이 밝아오기 시작하면 숲에서는 생명이 꿈틀대기 시작한다. 숲에서는 모든 것이 다시 태어난다. 밤새 정적에 싸여 있다가 아침이 오면 숲속의 생명은 일제히 기지개를 켜며 하루를 준비한다. 숲은 분주히 생동하는 공간이다.

오랜 기다림에서 벗어나 곧 돋아날 새순들의 수런대는 소리에 가슴은 두근거린다. 숲에 존재하는 모든 생명체는 생동한다. 나무 한 그루와 새 한 마리도 서로 어우러져 살아가는 공동체를 이룬다. 나무와 꽃들은 서로 암수를 연결해 주고 새들은 서로 먹이를 전해주며 생명을 잇는다. 그들은 비록 하찮은 존재이지만 서로에 기대여 새로이 열릴 세상을 기다리고 있다. 인간이 삶에 지쳐 나약하거나 주저앉아서 가야 할 길을 찾지 못할 때도 숲의 생명들은 우리를 환대해 준다.

숲에서는 다시 뻐꾸기 소리가 들려온다. 뻐꾸기의 울음소리는 언제나 절박하고 처절하다. 겉으로 듣기에는 평화롭고 아름답지만, 그 속에는 치열한 삶의 몸부림이 담겨 있다. 뻐꾸기는 여름 철새라서 초여름에 날아와 삼 개월여 동안 머물다가 팔월 초순이 되면 다시 남쪽 지방으로 떠나간다. 짧은 기간에 알을 낳고 둥지를 만들고 새끼를 기를만한 시간이 모자라니 다른 새의 둥지에 알을 맡길 수밖에 없다. 이것을 탁란이라 부른다.

뻐꾸기에게 탁란은 눈물겨운 생존 번식의 수단이다. 자신의 사랑하는 새끼를 붉은머리오목눈이들이 살고 있는 둥지에 맡겨 놓고, 새끼가 부화하고 자라는 것을 먼발치에서 바라보면서 어미는 슬픈 울음을 울 수밖에 없다. 뻐꾸기에게나 인간에게나 먹고 살며 생존해야 하는 시간은 고달프다. 생을 위해 피비린내 진동하는 탁란의 숲, 뻐꾸기의 울음은 생사의 갈림길을 오가는 몸짓이며 절규였다. 뻐꾹~뻐꾹~!

사람들은 새들의 울음소리를 들으면서 지저귄다거나 노래한다고 하지만, 뻐꾸기의 울음소리를 들으면서 그렇게 표현하는 사람은 없다. 뻐꾸기는 그저 처절하게 '운다.' 그 울음소리를 듣고 있자면 한이 맺힌 듯 구슬프게 느껴진다. 울어도 울어도 속죄될 수 없다는 듯이 어미 뻐꾸기는 이산 저산 날아다니면서 짙은 핏빛 울음을 푸른 숲에 쏟아낸다.

언젠가 할머니는 두 어린 뻐꾸기 아이를 집으로 데려왔다. 우리는 영문도 모른 채 어디에서 온 뻐꾸기를 바라볼 뿐이었다. 집으로 온 뻐꾸기들은 눈치도 없이 닥치는 대로 먹을 것을 먹어 치우고 마음대로 뛰어다니며 둥지를 독차지하였다. 할머니는 뻐꾸기를 끌어안고는 문풍지 틈으로 불어오는 바람을 온몸으로 막아 주셨다. 무슨 걱정이 그리 많았는지 길고 긴 한숨이 밤새 그치질 않았다.

할머니의 한숨 소리에 밤잠을 이루지 못할 때가 많았다. 들릴 듯 말 듯 아버지 이름을 원망하듯 애타게 불러대기도 했다. 할머니 심정을 그때는 알 리 없었다. 새 가족이 어떻게 해서 우리 집에 오게 된 것인지, 왜 힘든 살림살이 속에서도 그들이 우리와 함께 생활해야 하는지 알 수 없었다. 할머니는 아무 일 없다는 듯이 뻐꾸기 아이들에게 밥을 주며 계속해서 한숨만 푹푹 쉬곤 했다. 마침내 우리 형제들은 다짐했다. 붉은머리오목눈이 형제들아, 우리 집과 형제를 지키자! 남의 집에 들어와 살고 있는 염치 없는 뻐꾸기를 몰아내자!

뻐꾸기들에게는 이 세상에서 살아남아야 한다는 절박함이 있을 뿐이었다. 욕망과 다툼 속에서 오직 살아남으려는 인간들처럼 뻐꾸기들의 몸짓은 처절하다. 흐르는 시간 속에서 대책 없는 싸늘한 죽음을 마주하며 살아가야 하는 존재는 전장의 병사와 같다. 아무리 힘들고 고달픈 삶이라 해도 잠시 긴장의 움직임을 멈추면 둥지에서 밀려나 떨어져 죽고 만다. 제 집을 지키려는 오목눈이도, 남의 집에 들어온 뻐꾸기도 인간같이 처절한 생존의 다툼을 하면서 살아남아야 했다.

할머니가 데리고 온 뻐꾸기들과 우리 형제는 끊임없는 생존의 투쟁을 하면서도 피붙이와 살붙이 가릴 것 없이 하나가 되어 한여름 호박처럼 무럭무럭 자랐다. 마침내 뻐꾸기 형제들이 둥지를 떠나던 날, 우리는 모두 하나가 되어 울었다. 어려운 살림살이에도 그들을 키우고 먹이고 입힌 할머니의 갸륵한 마음을 비로소 이해할 수 있었다. 갑자기 자신이 낳은 자식마저 굶기고 폭행하여 결국 목숨까지 잃게 하는 동물만도 못한 비정한 부모들이 떠 올랐다.

한 여름밤, 숲속 어딘가에서 들려오는 뻐꾸기 소리는 사랑의 복음처럼 귓전으로 울려왔다. 숲속을 감싸도는 나직한 바람 소리를 듣고 있으니, 숲의 모든 생명이 하나가 된 듯 고요하다. 달빛 쏟아지는 적막의 나뭇가지 위에서는 지상의 모든 무게를 벗어던진 새들이 뒤척이며 잠들고 있다. 나무와 풀들은 서로 기대어 이 세상의 무겁고 막막한 슬픔을 미망으로 견뎌내고 있었다.

저들의 언어를 해독할 순 없지만 한 많은 세월을 함께 살아온 나무와 뻐꾸기와 붉은머리오목눈이의 체온이 눈물겹다. 그들은 밀려오는 바람에 흔들리며 끝없는 파문을 먹고 살아왔을 것이다. 그냥 흘러가는 시간도 없고 그냥 스쳐 지나가는 바람도 없다. 저들은 모두 하나가 되어 서로 비비고 버티며 살아온 것이 아닌가.

이제야 알 것 같다. 숲에서는 뻐꾸기와 붉은머리오목눈이 그리고 숲과 나무가 함께 어우러져 있을 때 가장 아름답다는 것을. 모나지 않고 둥글게! 서로서로 따뜻이 손잡고! 더하기만 하려는 세상에서 나눔도 중요하다는 사실을, 너와 내가 서로 가슴을 껴안고 살아갈 때 비로소 이 세상은 더 아름다울 수 있다는 사실을 알게 되었다. 뻐꾸기여, 붉은머리오목눈이여, 너희의 다툼과 몸짓은 이제 충분히 평화로워 세속의 것이 아니구나.

탁란을 마친 새끼 뻐꾸기가 푸른 하늘을 향해 날아간다. 어디선가 어미 뻐꾸기의 애절한 울음소리가 들려온다. 뻐꾹~! 뻐꾹~!

겨울나무 곁에서

어두운 그림자가 겨울나무 위에 드리워진다. 거리에 가로등이 하나둘 들어오면 가슴에 못다 한 이야기들이 그리움으로 흩날린다. 바람 속에 흔들리는 겨울나무를 위로하듯 가만히 안아본다.

나무는 잎을 떨군 앙상한 모습이다. 여기저기 파이고 갈라진 상처는 고통스럽게 보인다. 한세상을 살아오면서 나이테를 만들기까지 얼마나 많은 고뇌가 있었을까. 세찬 비바람에 속살이 터져가면서도 어린 가지를 지키려 많은 눈물을 흘렸을 것이다. 혹독한 추위에도 뿌리를 땅에 딛고 서 있는 모습이 애처롭다. 진눈깨비가 날리더니 금세 함박눈으로 변한다.

나뭇가지 위에 소복이 쌓이는 눈이 나무의 아픈 상처를 덮어주고 있다. 오랜 시간 저 자리에 서서 희로애락을 품었던 나무다. 어린 새싹이 자라서 저렇게 큰 나무가 되는 삶이 어찌 그리 쉬운 일

이었을까. 비바람이 불 때마다 가지는 부러졌고 온몸은 상처투성이다. 그렇지만 어디선가 예쁜 새들이 날아와 둥지를 틀고 행복한 보금자리를 꾸려 주길 원했다. 철없는 새끼 새들은 어미가 물어다 준 먹이를 먹고 자라면서 마냥 행복했다. 겨울나무는 속살이 터지지 않으면 큰 나무로 자랄 수 없나 보다. 풍파의 세월 속으로 파고드는 칼바람에 비틀거렸다.

병상에 누운 그이는 나를 보고 웃고 있지만, 삭풍 앞에 선 겨울나무처럼 앞날에 대한 두려움만 가득하다. 병원 신세를 지고부터 작별의 시간은 점점 다가온다. 약속한 백년해로도 영원히 곁을 지켜주겠다던 맹세도 다 부질없는 일이다. 세상에는 영원한 삶도 영원한 나무도 없다.

삶과 죽음의 차이는 무엇인가. 죽음은 인생의 종착역이요, 모든 것이 끝나는 일이다. 이승에서 맺은 인연이 여기가 끝인가 보다. 감당하기 어려운 슬픔으로 마음은 텅 비어 있다. 삶을 마감하는데 한마디 작별 인사도 할 수 없다는 현실은 너무나 가혹하다. 삶의 끝자락에 서 있는 남편 뒤로 검은 그림자가 어른대고 있다. 식어가는 손을 잡고 울음만 삼켰다. 나는 어둡고 적막한 병실에 홀로 남아 절규했다. 그 순간에 삶과 죽음은 서로 갈라져 작열하고 있었다.

겨울나무는 한겨울이 오면서 푸르던 잎새를 모두 떨구고 있지만, 한때는 당당하게 풍성한 잎을 자랑하며 뽐냈다. 너른 품을 내어 주며 오가는 이들의 고단한 심신을 달래주는 안식처였다. 생명을 다하고 떠나는 사람이 어찌 세상을 원망하고 싶지 않겠는가. 자신에게 다가온 운명을 거역할 수 없어 모든 것을 체념한 듯하다. 당당하던 젊은 날이 그리워 돌아가는 길이 더 막막할 것이다.

인생을 살아가는데 어찌 봄날만 있겠는가. 겨울나무는 한겨울 눈보라 속에서도 의연하게 자리를 지키고 있었다, 몇 년 동안 혹독한 겨울 속에서 봄이 오기를 기다린다. 서슬 퍼런 바람에 쓰러져 일어설 수 없는 일은 감내하기 힘든 고통이었다. 벌판에 서 있는 것처럼 몸과 마음은 갈가리 헝클어졌다. 눈물방울 하나하나를 구슬로 엮어서 떠나는 그에게 드리고 싶다. 눈물겨운 시간을 모두 보내고 남은 마음의 끝자락은 붉기만 하다.

신은 나의 편이 아니었다. 시간을 조금만 더 달라는 애달픈 기도를 들어 주지 않았다. 이승에서 드리는 마지막 미음米飮을 남편의 입 속으로 넣으며 눈물을 삼켰다. 아이들의 애절한 울음소리가 들린다. 깜깜한 시간 속에 어디로 가야 할지 불안이 엄습해 온다. 이제는 영원히 볼 수 없는 작별의 시간이 시시각각 다가오고 있다는 생각에 모든 것이 멈추었다. 생명의 끝에서 어둠이 나에게 다가와 자꾸 무언가를 속삭였다. 이제 곧 나도 사라지고 그도 사라지고 세상도 사라지고 오직 울음소리만 존재하는 순간이 올 것이다. 어디선가 붉은 황혼이 떨어지는 소리가 들리고 있었다. 모든 것이 사라지는 고요 속에서 비로소 삶과 죽음을 제대로 볼 수 있는 듯했다.

나무가 부럽다. 혼자만이 묵묵히 자리를 지키며 살아왔기에 이별의 슬픔은 없다. 너른 품을 가지고 있으니 몰아치는 비바람에도 당당하게 맞설 수 있다. 혼자 걷는 길 위에는 찬 바람만 불어온다. 저만치 한 그루 나무가 나에게 다가온다. 남편과 함께 자주 걸었던 길에 서 있던 나무다. 나무를 가만히 안아본다. 쿵쿵대는 심장소리는 들을 수 없지만 서로의 흐느낌을 느낀다. 나무는 언제까지 곁에 있겠다는 듯이 마음속에 들어와 있다. 소곤소곤 속삭이듯 들려주는 한마디 위로가 평온하다.

하늘이 내 마음을 알아주기라도 하는 듯 눈이 펑펑 내린다. 눈송이는 나무 위에도 내 머리 위에도 내려앉는다. 눈 위에 그의 이름을 새겨본다. 기억해야 할 것들이 아직 너무 많이 남아 있어 겨울나무 곁을 떠나지 못한다. 그 겨울의 기억들은 오랜 침묵으로 길게 길게 남을 것이다.

이제 오롯이 혼자 살아가야 하고 감당해야 할 일들만 남아 있다. 떠나는 자는 말이 없고 슬픔은 살아남은 자의 몫이다. 때로는 슬픈 노래가 위안이 될 때도 있다. 당신은 겨울바람 속으로 사라져 가고 나는 여기 남았다. 찬바람을 머금은 채 드리워졌던 안개도 서서히 걷히기 시작했다. 회한의 시간은 물결처럼 일렁이고 그 자리를 그리움으로 채울 것이다. 죽어가던 겨울나무에도 마침내 잎이 무성해지고 꽃이 피고 새들이 지저귀게 되리라. 나에게도 어둠이 지나가고 연둣빛 봄이 올 것이다.

앙상한 겨울나무에서 마지막 남은 잎새가 툭 떨어졌다. 마지막으로 떠나는 것은 언제나 슬프다. 마지막 잎새, 마지막 열차, 마지막 사람. 나는 다시 봄을 기다리며 살기로 했다. 겨울나무는 죽은 듯이 잠자고 있다가 봄이 오면 불현듯 초록빛 생명을 준다. 나무는 초연한 것처럼 천천히 상처를 녹여내고 있다. 이제 곧 겨울나무 곁에는 봄날의 새싹이 돋아날 것이다.

자작나무 숲에서

하늘이 까마득히 보인다. 자작나무로 산기슭을 가득 메운 숲속에서 마음의 소리를 들어본다. 숲은 흰색과 녹색이 조화를 이루며 생명의 기운을 내뿜는다. 자작나무의 웅장한 둥지와 그 위에 덮인 하얀 껍질과 초록 잎 위로 조각구름이 흘러간다. 어디에도 얽매이지 않는 구름이 자유로운 영혼을 달고 날아간다. 숲속을 뛰어가던 다람쥐도 잠시 쉬어갈 곳을 찾는지 숲속 저편으로 숨는다.

나무는 숲속을 지나가는 바람과 대화를 나눈다. 나무 그늘에 홀로 서 있으면 세상이 이보다 좋은 곳이 없다는 듯 이슬 같은 눈물이 맺힌다. 그 눈물의 의미를 알아챈 자작나무가 시린 어깨를 감싸준다. 나무는 세상의 잡다한 언어들을 버리고 바르게 살겠다는 듯 고고하게 흰색 옷을 입고 서 있다. 그 숲은 얽매인 세상을 떠나 언제든지 가고 싶은 희망의 안식처가 되어준다. 겹겹이 흰빛을 품은 자작나무 둥지가 세월만큼 깊었던 아픔을 풀어내며 하늘 높이 솟아있다.

숲은 인생과 세상의 꿈을 담고 있는 곳이다. 그 속에는 다람쥐, 노루, 산토끼, 새들이 저마다 꿈을 간직한 채 함께 어울리며 살아간다. 푸른 잎사귀 속에서 지저귀는 새의 웃음소리가 세상을 평온하게 만든다. 자유를 향해 비상하는 새들은 어떤 흔적도 남지 않는다. 아무런 욕심도 품지 않고 하늘 높이 자유롭게 날아간다. 새처럼 자유로운 영혼을 가지고 세상을 날 수 있다면 얼마나 좋을까.

세상은 욕망과 이기심이 지배하는 잔인한 곳이다. 숲이나 꽃과 달리 서로를 비난하고 흔들어 댄다. 나무는 숲속에서 어울려 살고 있어도 다툼이 없다. 인간은 혼자만의 이기심과 욕망으로 서로 나누지 못한다. 진실을 이야기하고자 해도 힘 있는 자들은 약한 자들을 지배하고 억누른다. 자작나무의 세상에는 모든 것이 평화롭다.

햇살 한줌, 바람 한 자락을 가슴에 담고 살아가는 자작나무는 우주의 기운을 받아 영생을 꿈꾼다. 어제보다 나은 오늘, 오늘보다 나은 내일을 위하여 하늘을 향해 가지를 지켜 든다. 푸른 나뭇가지에 새집이 걸려있다. 새들은 어미의 사랑을 받고 무럭무럭 자라서 어미보다 더 큰 몸집으로 성장했다. 젊은 날에는 자신이 피워낸 꽃과 열매를 거두느라 제 몸에 깊은 생채기가 생기는지도 몰랐다. 어린 새들이 성장하여 품을 떠날 때쯤에 자작나무 몸에서는 상처가 옹이가 되어 있었다.

자작나무는 천년을 살고자 했던가. 팔만대장경은 자작나무로 만들어졌다. 힘든 삶을 산 자작나무는 죽어서도 자랑스러운 팔만대장경이 되어 살아남아 있다. 춥고 깊은 숲에서 자란 나무껍질이 종이처럼 하얗고 얇아서 연인들끼리 사랑의 글귀를 쓰는 데 사용되기도 한다. 결혼식을 화촉華燭이라고 말하지만, 옛날에는 촛불이 없어서 자작나무 껍질에 불을 붙여 촛불을 대용했기 때문이다. 인고의 세월이 만들어 낸 나무껍질이 사랑의 불씨를 밝히는 촛불이 되었다.

우리는 숲속 세상에 잠시 머물다 태어난 고향으로 돌아간다. 그렇지만 저 하얀 자작나무는 신록의 계절이 저물어 가면 낙엽을 다 떨구고 혹한의 겨울을 맞이할 거다. 얼마나 아파하고 슬퍼해야 자신의 고난을 다 떨어낼 수 있을까. 슬플 땐 슬퍼하고, 분노할 땐 분노하고, 기쁠 땐 웃을 수 있는 자유가 아니면 그건 자유가 아니다. 이루고자 했던 꿈은 무엇이었나, 놓치기 싫던 열정은 지금 어디에 있는가. 숲속에서 나의 꿈을 응원하듯 작은 다람쥐가 나무 사이를 재빠르게 뛰어간다. 다람쥐는 살아 움직이는 부드러운 햇살과 나뭇가지를 흔드는 바람을 따라 달려간다.

자작나무를 바라보고 있으면 자연과 생명의 순환을 생각하게 만든다. 인간은 조금만 힘들어도 금세 멸망할 것처럼 실망하고 분

노하지만, 나무는 언제나 그 자리에서 인간에 대한 신뢰와 희망을 포기하지 않는다. 계절은 어김없이 흘러가고 다시 돌아온다. 자연에 안겨있던 자작나무잎은 떨어져 원래의 뿌리로 숨어든다. 우리도 언젠가는 삶의 무게를 다 내려놓을 것이다. 한줌 재가 되어 어느 산천 골짜기를 유랑하다 마침내 풀잎이 되고 나무가 되고 물이 된다.

자작나무숲으로 들어가면 나무들만 있는 것은 아니다. 그 속에는 무수한 생명이 태어나고 죽음을 맞이한다. 작은 씨앗이 땅에 떨어져 나무와 풀이 자란다. 새들은 둥지를 틀고, 동물들은 새끼를 낳고 기른다. 숲은 생명의 탄생과 성장의 장소로 끊임없는 에너지를 불어넣어 준다. 하지만 죽음을 맞이하는 장소이기도 하다. 세월의 흐름에 나뭇잎은 생기를 잃고, 동물들은 노화로 사라진다. 죽음은 또 다른 생명의 시작이다. 숲은 순환의 고리를 이어가며 살아있던 생명은 다시 흙으로 돌아간다. 숲은 우주의 근원이며 생명과 소멸의 법칙을 가르쳐 준다.

한적한 숲길을 따라 여유롭게 발걸음을 옮긴다. 바닥에 깔린 풀포기를 살포시 밟으며 더 깊은 계절 속으로 빠져든다. 한참을 걷다가 자작나무를 올려본다. 어린 자작나무들은 곱게 자란 아이처럼 얼굴이 매끈하다. 그 옆에 나이 든 나무는 까무룩 졸고 있다가 천둥 번개가 치는 소리에 놀라 아득했던 정신을 붙잡는다. 아픈 상처들을 멀리한 채 시간은 어김없이 흘러 고요를 품는다. 인간도 나이가 들어가면서 얼굴은 주름지고 등은 휘어져 고단했던 삶의 흔적을 남기듯이, 자작나무도 삶은 힘들다는 표정을 지으며 고단한 흰 기침을 해댄다.

숲속은 사랑이 충만한 곳이다. 이슬을 머금은 촉촉한 바람과 푸른 잎사귀 속에서 새들이 지저귀며 노래를 부른다. 토끼는 부드러운 털과 큰 귀를 가진 채 자작나무를 바라본다. 발아래 작은 풀잎들은 자신의 존재를 알리며 서로 사랑을 나눈다. 순백의 자작나무는 그리움을 안고 서럽게 떨어지는 별똥별을 제 몸속에 품는다.

얼마나 더 고뇌해야 자작나무의 깊은 뜻을 알 수 있을까. 기나긴 세월을 품고 사라졌다 다시 태어나는 생명의 순리를 어찌 이 숲속에 담을 수 있을까. 텅 빈 가슴을 내보이던 자작나무가 숲속의 모든 생명을 가슴에 담는다. 자작나무 위로 한 마리의 새가 자유를 꿈꾸며 어딘가로 날아간다.

오동잎 떨어지고

바람이 잠시 쉬어간다. 바람은 거침없이 달리다가 힘에 겨운 듯 긴 호흡을 가다듬는 중이다. 마당에 서 있는 나무는 무심하게 불어오는 바람에 지난 시간의 기억을 붙잡으려 애를 쓰고 있다. 가슴에 고운 정을 간직한 채 세월의 흔적을 남기며 마지막 잎새를 떨군다. 저 낙엽들도 세월 속 상처를 부둥켜안고 어딘가를 헤매고 있는 것일까.

빛바랜 추억을 안고 날리는 오동잎도, 찬바람 속에서 땅 위를 구르는 낙엽도, 그들이 굴리는 것은 잎새가 아니라 세월이다. 바람 따라 구르다가 어느 모퉁이에서 갈빛 낙엽이 되어 누워있다. 낙엽은 달빛이 스며드는 차가운 밤에도 이 세상 끝날 것 같은 두려움에도 홀로 눈감은 채 떨고 있다.

옛집은 긴 올레에 울담이 층층이 쌓여 있었다. 울타리가 되는 돌담은 어머니가 자식을 품듯 방풍 역할을 했다. 울담의 외부는 내부보다 반듯하게 쌓는다. 돌출된 돌에 사람들이 다치는 것을 방지하기 위한 배려였다. 촘촘히 쌓은 돌 틈 사이로 바람길을 낸다. 바람길은 올레길을 걸어 다니는 사람들의 숨소리를 기억하고, 발걸음을 기억으로 남긴다. 돌담길 사이를 유유히 흘러 다니는 바람이 덧없이 쓸쓸하다. 아무도 바람을 본 사람은 없지만, 돌담길 사이, 고향집 마당을 헤집고 다니며 바람은 자신의 존재를 드러낸다.

이웃집에 앞을 보지 못하는 장애인 아저씨가 살고 있었다. 앞을 보지 못하는 장애인이지만 지팡이를 짚고 다니며 골목 어귀를 자유롭게 걸어 다닌다. 그 모습이 너무 신기해서 나는 어린 호기심에 아저씨 뒤를 따라 살금살금 따라 걸어보았다. 대여섯 발자국쯤이나 걸었을까. 돌 어귀에 이마가 세게 부딪치고 말았다. 상처에선 피가 흐르고 아픔 때문이지 부끄러운 마음 때문인지 자꾸 눈물이 흘렀다.

웬만한 실수는 모른 척 눈감아주던 어머니가 심한 꾸중을 했다. 도와주지는 못할망정 약한 사람의 흉내를 내어서 그렇다고 야단을 쳤다. 그날의 상처로 아직도 이마에 깊게 남아있다. 철없이 했던 행동이 평생 흉터로 남게 될 줄은 몰랐다. 앞 못 보는 장애인 흉내를 내려 했던 어리석은 행동은 상처로 남아 두고두고 따라다닌다. 한번 생긴 흉터는 깊은 상처가 되어 어떤 도구로도 지울 수 없는 흔적이 되었다.

아저씨는 한 손에 하모니카를 들고 라디오를 품에 안은 채 살고 있었다. 고통과 눈물이 희망으로 변주되는 하모니카 소리가 어린 가슴을 아프게 했다. 애처롭게 들리는 하모니카 소리는 한스러운 마음을 토해내는 듯했다. 구슬픈 곡조가 음을 타고 골목길 밖으로 흘러나온다. 가난하고 추운 삶의 한가운데 외롭게 서 있는 눈먼 아저씨의 꿈은 하모니카 선율이 되어 동네 구석구석으로 파고들었다.

신은 공평하였다. 아저씨에게서 보이는 빛을 가져가는 대신 풍부한 생명의 소리를 주셨다. 어둠은 좌절과 절망의 그늘에 빠져 있다가도 마지막 빛의 생명을 낳는다. 어둠이 짙어질수록 빛은 멀리서 조금씩 다가와 고통받았던 마음을 위로해 주었다. 어쩌다 동네에서 노래자랑대회가 있는 날이면 아저씨는 초대 가수가 되어 나타났다. 노래를 부를 때 그의 목소리는 밤하늘의 북극성처럼 빛났다. 비록 눈으로 세상을 바라보며 공감할 수는 없지만, 목소리 하나로 사람의 마음을 흔들고 눈물을 흘리게 했다.

아저씨의 어머니는 앞을 보지 못하는 아들이 깊은 어둠에 빠져 있는 모습을 지켜보면서 얼마나 많은 눈물을 흘렸을까. 흘린 눈물만큼이나 노래는 한이 되어 세상을 훨훨 날아다녔다. 어둠 속에서 답답한 삶을 견뎌왔듯이, 어머니의 구멍 난 가슴 사이로 시린 바람이 송송 스며들었다. 상처는 눈물과 어울리며 바람 속을 떠돌아다녔다.

눈은 마음이 창이라고 한다. 눈을 통하여 슬픔과 기쁨을 표현하기도 하고 서로의 감정을 공유하기도 한다. 눈으로 보지 못하는 채로 살아가라고 한다면 밝음에 익숙한 나는 아무것도 할 수 없을 것이다. 눈을 통하여 세상을 보고 감정을 표현하며 살아온 사람들에게 죽음과 같은 암흑이 찾아온다면 어떻게 살아갈 수 있을까. 사람들은 시력을 잃기 전에는 빛의 축복을 알지 못한다. 단 몇 시간 동안이라도 시력장애를 겪게 된다면 어둠에서 빛이 얼마나 소중한지를 배우게 될 것이다. 어머니의 얼굴도 볼 수 없고, 이 세상의 하늘과 구름, 꽃과 나무를 볼 수 없는 상처보다 더 큰 상처가 어디 있을까.

사람들은 서로의 얼굴과 가슴 속 상처를 바라보면서 살아간다. 꽃잎에 긁혀도 깊은 상처로 남는다. 혼자만 생각하며 살아오느라 누군가에게 준 상처와 자신에게 입힌 상처에 대해 너무 무심하다. 사람들은 몸에 생긴 상처만 아프다고 아우성을 치고 있지만, 마음에 생긴 상처는 보지 못한다. 상처를 치유하기 위해서는 먼저 그 상처를 올바르게 마주보는 용기가 필요하다고 했다. 살아갈수록 마음의 상처는 늘어 가지만 그 상처를 숨기고 아무렇지 않은 척 살아간다.

무슨 사연으로 저리 붉은 꽃 한 송이, 지절대며 흘러가는 시냇물, 새들과 나무를 껴안아 주는 숲, 이들은 나의 상처를 보듬어

주고 낫게 해주는 햇살이다. 꽃이 떨어진 자리, 시냇물이 멈춘 자리, 숲이 무너진 자리에서는 피가 뚝뚝 흐르고 있었다. 그 상처는 나의 상처가 되고 누군가의 상처가 되었다. 나는 이마의 상처를 바라보며 더 따뜻한 마음으로 이 세상을 가슴에 담아야 한다고 생각했다.

바람 냄새가 좋은 날 숲길을 걸으며 눈을 감고 나뭇잎을 만져본다. 소나무의 거북등 같은 껍질, 어린아이 살결 같은 부드러운 꽃잎, 손끝에 닿는 섬세한 촉감을 느껴본다. 아무리 사소한 일일지라도 눈이 보이지 않는 사람에게는 꼭 느껴보고 싶은 소망일지도 모른다. 그런 소망을 다 이루지 못한 채 아저씨는 나이가 들어 요양 시설에 의지한 채 살아가다 외롭게 어둠 속으로 떠나 갔다.

따뜻한 바람이 불어온다. 세상을 살아가는 데는 어둠과 빛이 존재한다. 부질없이 굴러다니는 돌멩이에도 존재 의미가 있듯이 삶에 의미 없는 것은 없다. 우리가 모여 사는 세상이 아름답게 흐르는 강물처럼 유유히 흘러갈 때 세상은 밝아질 것이다. 훈풍이 불어오기를 바라는 마음으로 올레길을 걷는다. 바람이 속삭이듯 다가와 이마에 난 상처를 어루만져 준다. 그 위로 오동잎이 하나 톡 떨어진다.

팽나무, 꿈을 꾸다

팽나무가 위용을 자랑하듯 마을 어귀에 자리하고 있다. 몇 년 전 고사 위기에 처했던 나무라고는 믿기지 않는다. 위풍당당하게 마을을 지키는 모습을 바라보고 있으면 어릴 적 생각이 떠오른다.

집으로 들어가는 골목 입구에 커다란 팽나무 한 그루가 서 있었다. 팽나무는 무성한 가지에 잎이 풍성하여 주변을 압도했다. 나무 아래에는 시멘트를 엉성하게 발라 사람들이 앉을 수 있게 만든 자리가 만들어져 있었다. 한쪽 귀퉁이에는 낡은 의자 몇 개가 놓여 어른들이 이용하던 장기판이 자리를 지키고, 아이들은 팽나무 주위를 뛰어다니며 놀이를 했다. 저녁상 물리기 바쁘게 하나둘 팽나무 아래 모여 살아가는 이야기를 했다. 그곳은 동네 사람들이 모여드는 사랑방이었다.

동네에 있던 팽나무는 어린 시절부터 마을 사람들과 함께해 온 추억이자 보물과도 같은 나무였다. 오래된 노거수 아래서 주민들이 살아가며 소통하고 그 속에서 삶의 문화를 만들어 갔다. 또 요정이나 도깨비가 깃들어 있다고 생각하면서 나무 정령의 이야기는 우리 모두의 삶의 서사였다. 마을을 지켜주는 신령神靈이 깃들어 있다고 생각해서 동네 사람들은 팽나무에게 제사를 지내기도 했다. 나무를 베거나 건드리면 재난을 당한다고 여겨 함부로 건드리지 못하게 했다.

팽나무는 마을과 사람들을 지켜주는 수호신이고 역사였다. 기도나 치성을 드리고 복을 빌기도 하면서 동네 사람들과 부대끼며 눈물과 애환을 함께하는 나무였다. 속을 텅텅 다 비우고도 오직 동네 사람들을 위해 위엄있게 서서 절개 하나로 당당히 살아가는 나무다. 보이지 않는 빛과 어둠의 깊이는 나무를 흔들리지 않는 당당한 역사로 만들었다. 팽나무를 닮고 싶은 사람들은 많았지만 그저 바라보기만 했다.

초등학교 다니던 시절이다. 동네에서 단짝이었던 친구 아버지가 돌아가셨다. 어른들이 팽나무 아래 모여서 짚으로 뭔가를 만들고 있었다. 사람들이 잘 다니지 않는 길모퉁이에 상여가 차려졌다. 종이꽃으로 뒤덮인 상여를 보니 무섭다는 생각이 먼저 들었다. 상여란 것을 처음으로 보았다. 그 후로 팽나무를 생각만 해도 죽음이란 단어가 떠올라 무서운 생각이 들었다. 멀리서 팽나무의 흐트러진 가지만 쳐다봐도 머리를 풀어 헤친 귀신처럼 보였다. 사람이 죽으면 어디로 가게 되는 것일까. 죽음 이후의 세계는 어떤 곳일까. 죽게 되면 사랑하는 가족과 친구와도 영원히 헤어지는 것일까. 밑도 끝도 없는 이런 무서운 생각이 어린 마음을 복잡하게 만들었다.

오랜 세월의 연륜을 지닌 팽나무에는 삶과 죽음을 넘나드는 우주의 은유가 담겨 있다. 나무의 시간과 인간의 시간은 따로 간다. 나무에게는 삶과 죽음이 따로 있지 않고 죽음으로써 그 위에 새로운 삶을 만든다. 죽은 몸은 다시 뿌리가 되고 줄기가 되어 새로운 생명을 만든다. 그렇지만 인간은 죽음으로 삶의 끝에 이른다. 사람이 살다가 죽듯이 꽃이 피고 지는 일은 세월의 몫이다. 태양은 늘 처음 자리에서 뜨고 그 자리에서 지면서 어둠을 가져온다.

꽃처럼 사람도 빛과 어둠 속에서 저 혼자 피고 진다. 지금 밝다고 지금 어둡다고 하여 울지 말자. 머지않아 어둠은 사라질 것이고 또 밝아질 것이다. 모든 피고 지는 일은 무상한 것이다. 슬픔이 지나가면 기쁨이 오듯이, 불행의 시간이 지나면 행복의 시간이 온다. 잠시 눈물이 나고 분노가 올라도 그냥 두자.

새집으로 이사 오던 날, 마당에 우뚝 서 있는 팽나무와 다시 마주했다. 어릴 적 동네 사랑방 역할을 해주던 나무만큼이나 큰 나무였다. 그때부터 팽나무는 우리 가족의 수호신처럼 언제나 믿음직스럽게 마당을 지켜주었다. 집을 비우는 날에는 나무에 집을 지켜 달라 부탁하고 집을 나서곤 했다. 나무는 눈도 없고 귀도 없지

만 우리 집과 세상의 모든 것을 지켜주었다.

어느 날 갑자기 잎에 벌레가 생기기 시작하더니 나뭇잎이 말라가기 시작했다. 급기야 건강하던 나무는 병에 걸린 듯 시름시름 앓았다. 나무가 너무 커서 우듬지까지 약을 칠 수가 없었기 때문이다. 남편이 가지치기를 제안했다. 마음은 아프지만 따를 수밖에 없었다. 가지 잘려 나가는 소리가 마치 내 팔이 부서지는 아픔처럼 느껴졌다. 떨어진 가지를 살펴보니 나이테가 선명했다. 나이테의 무늬만으로도 신성함이 느껴졌다. 나무는 저 자리에서 얼마나 많은 풍상風霜을 이기면서 세월을 지켜왔을까. 백 년은 족히 넘지 않았을까 짐작할 따름이다. 병들지 않았더라면 동네 팽나무 중에서 가장 우람하고 듬직한 모습을 유지했을 텐데 안타깝기 그지없었다.

날이 갈수록 팽나무는 건강을 회복했다. 잘려 나간 가지에 새순이 돋아나면서 잎은 한층 풍성해졌다. 이제는 가지에 새와 바람을 들이면서 집안을 더욱 아늑하고 행복한 공간으로 만들고 있었다. 커피를 들고 팽나무가 만든 그늘에 앉는다. 어느덧 팽나무의 넓어진 그늘이 나를 시원하게 품어준다. 그 큰 나무 그늘로 들어가면 어딘가 영혼의 성소聖所로 들어온 것 같이 평온했다.

어릴 때 무서움으로 다가왔던 나무는 이제 사라지고 없다. 삶에 여유를 주고 마음을 다독거려주는 안식처가 되었다. 계절마다 모습을 달리하는 나무는 그 자체만으로도 하나의 풍경이다. 그 곁에 서면 나 또한 풍경이 된다. 서로를 토닥이며 함께 가야 할 좋은 벗에게서 인연과 배려의 소중함을 본다. 빛나는 햇살을 가득 안고 있는 팽나무가 이 세상의 모든 것에 생명을 비추어 주겠다는 듯이 듬직하게 서 있다. 팽나무는 이 세상에서 가장 품 넓고 인자한 어른이었다.

바람이 불어오니 팽나무가 부드럽게 하늘을 향해 경배하듯 두 손을 모은다. 나도 팽나무를 향해 얼굴을 숙여 본다. 하늘에는 까만 별들이 촘촘히 박혀 우리를 내려다보고 있었다.

사랑의 찬가

하얀 나비가 노란 배추꽃 위에 살포시 내려앉는다. 꽃과 교감하는 나비를 보니 마음이 편안하다. 오늘따라 바람 향기가 좋다. 작은 마당은 나의 안식처다. 아침에 일어나 제일 먼저 하는 일은 꽃들과의 인사다. 정원을 가꾸며 그 속에서 자라는 모든 식물과 대화를 나눈다. 꽃이 필 때면 어디선가 바람이 불어와 시샘하듯 꽃잎을 떨어뜨린다.

화원에서 꽃과 나무를 사 왔다. 봄비가 보슬보슬 내리고 있어 물 주는 수고는 덜 수 있다. 봄을 알리는 노란 개나리가 피었다. 하트 모양의 복주머니가 주렁주렁 귀엽게 달린 금낭화도 있다. 밤새 비 보약을 먹은 꽃잎들은 활기가 넘쳐난다. 꽃과 나무를 심는 일은 먼 훗날을 기약하는 일이다.

파릇파릇했던 봄날이 가고 풍성한 여름마저 지나면 푸르름을 뽐내던 나무가 앙상한 가지로 남는다. 인생살이도 희로애락의 세월을 견디고 나면 노년이 된다. 아름답게 활짝 피어난 꽃을 보고 있으니, 예전에 봤던 영화 「할머니와 란제리」가 기억난다. 남편과 사별하고 젊었을 때의 꿈과 재능을 되살려 란제리 가게를 여는 80대 여성 이야기다. 열정적인 자신을 따르는 여성들의 향기와 빛깔, 열매는 늙었지만 찬란한 꽃을 닮았다. 여성에게 노년이 된다는 것은 '나이 든 여자'가 되었다는 것이다. 사랑에도 자격이 있는가. 일정한 연령대의 여성이면 누구나 '아줌마'가 되고 '할머니'가 된다. 한동안 영화 장면들이 머릿속에 남아 사라지지 않았다.

하얀 목련꽃이 빗물을 머금고 수줍게 꽃망울을 터트리려 한다. 첫사랑이 아련한 추억이 물안개처럼 기억을 타고 내려온다. 얼마나 가슴 떨리게 보고 싶었던 순간들인가. 우연을 가장한 계획된 만남을 기대하며 동네를 거닐었다. 어쩌다 마주치기라도 하면 얼굴은 사과처럼 빨갛게 물들었다. 가슴은 방망이질로 숨조차 제대로 쉴 수 없다. 이제는 얼굴조차도 가물가물하다. 그때는 왜 그리도 아픈 사랑이라 생각되었을까. 지금은 입가에 번지는 미소일 뿐이다. 꽃잎에 편지를 써서 바람결에 소식을 전해 본다.

노년의 사랑도 젊은 날의 가슴 떨리는 사랑 못지않은 전율과 같은 것이 있는 것 같다. 목욕탕에서 아주머니들이 하는 이야기를 우연히 엿듣게 되었다. 어떤 노부부 이야기였다. 할머니는 평생 일만 했고, 할아버지는 젊은 시절부터 소위 말하는 한량閑良이다. 할머니가 고생해서 모은 재산을 황혼 이혼으로 할아버지가 차지해 버렸다고 한다. 한 귀로 흘려보내기에는 요즘 노인들의 생각과 육체가 너무나 젊다. 평생 신뢰를 쌓으며 살아왔을 세월에 허무함마저 든다. 할아버지는 가는 세월이 아쉬워 사랑을 찾아 방황한 듯하다.

곧 날씨가 차가워지면 꽃들도 움츠릴 대로 움츠리다가 시들어 버리고 말 것이다. 꽃들은 무서리를 이기지 못한다. 영하의 날씨에 된서리를 맞은 코스모스, 맨드라미, 메리골드 같은 가을꽃들은 맥을 추지 못하고 모두 시들어 버린다. 오직 국화만 피어있다. 김장배추와 양배추도 무서리를 맞았지만, 아직 푸름을 간직한 채 김장 준비를 하고 있다. 가을걷이가 거의 끝난 텃밭에서 더욱 싱싱하게 자라나고 있다. 김장이 끝나고 나면 텃밭은 긴 겨울잠으로 빠져들 것이다.

오늘날의 예순 살은 청춘이라 했다. 나이는 숫자에 불과하다고 여기며 멋지고 당당한 여성으로 살고 싶다. 청춘이 봄이라면 나는 가을 문턱에 들어서 있다. 가을은 결실로 보상받는 계절이다. 인생도 마찬가지다. 삶 속에서 치열하게 살다가 마지막 자유로운 해방감을 얻을 수 있고 세상을 너그럽게 바라보는 통찰력이 생길 수 있는 나이다. 노년으로 가는 길에는 아쉬움만 있는 것은 아닐 것 같다. 영화에서 느껴지던 것처럼 깊지 않은 사랑이어도 좋다. 햇살은 저리 빛나고 꽃들도 저리 찬란하게 피어나고 있는데 흘러가는 시간이 너무 안타깝지 않은가.

멋지게 인생을 살아간다는 의미는 무엇인가. 삶을 향기롭게 산다는 것은 마음을 비우는 일인 것 같다. 요즘 글동무 하나를 사귀어 서로를 알아가는 중이다. 예고 없이 찾아온 소중한 인연이다. 공부하면서 그녀를 처음 만났다. 손재주가 많고 심성이 고운 사람이다. 예쁜 미소로 언제나 우리 가족을 위해 기도를 해준다. 긍정적으로 세상을 보는 법을 배우며 서로에게 위안이 되는 삶을 살았으면 좋겠다. 같은 취미 생활을 하며 살아가는 이야기를 도란도란 나누면서 가을 들판처럼 늙어가는 것도 좋다.

황혼에도 열정적인 사랑을 나누었던 괴테는 노년에 관한 유명한 말을 남겼다. 노년의 삶은 상실된 삶이다. 사람은 늙어가면서 건강과 돈, 일과 친구, 그리고 꿈을 잃어버린다고 했다. 잃어버린 다섯 가지를 찾아 떠나야겠다. 인생의 종반에서 시작한 글쓰기가 최고의 보약이 될 듯하다. 내 인생에서 못다 한 이야기를 글로 쓸 수 있다는 현실에 감사한다. 꿈을 잃어버린 삶은 곧 죽음과 같은 삶이다.

이제 정원에 피어나는 꽃들을 위한 가든파티를 준비해야겠다. 예쁜 새들을 불러 모아 노래를 부르게 하고, 벌과 나비들은 꽃을 찾아 춤추게 하겠다. 한쪽 귀퉁이에서 강아지가 오가는 사람들에게 인사를 한다. 고양이 한 마리가 눈을 깜박거리며 정원을 가로질러 어디론가 사라진다. 심어 놓은 제비꽃도 새초롬하게 얼굴을 내민다. 모두 사랑하는 반려 친구들이다. 함께 마음을 나누는 친구들이 있다는 것이 얼마나 큰 축복이며 즐거움인가.

붉은 꽃망울을 송이송이 피워내던 동백도 마지막 꽃잎을 떨군다. 바다가 보이는 넓은 창가에 앉아 식은 커피잔을 앞에 두고 인생에서 가장 아쉽고 그리웠던 순간을 한 편의 글로 쓰고 싶다. 그 속에는 나를 기다리는 시간과 만남이 없을지도 모른다.

그렇지만 옛 추억이 생각나는 샹송 〈사랑의 찬가 Hymne A L'Amour〉' 마저도 부를 수 없을쏜가. "하늘이 무너져 내리고 땅이 꺼져버린다 해도/ 그대가 날 사랑한다면 두려울 건 없으리/ 캄캄한 어둠에 싸이고 세상이 뒤바뀐다 해도/ 그대가 날 사랑한다면…."

5부

할머니의 몸국

갱이죽

벽난로 앞에서

낙엽의 미덕

노을에 기대어

마매기당

작은 행복

하얀 운동화

할머니의 몸국

장작불이 가마솥을 달군다. 흰 수건을 머리에 두르고 뜨거운 불 앞에 앉아 있는 할머니는 이마에 흐르는 땀을 연신 닦아내고 있다. 얼굴에는 그간 살아온 삶의 굴곡이 주름져 있다. 육지로 떠난 할아버지는 무정하게도 소식이 없다. 바람막이 없던 시집살이는 바람 앞 촛불처럼 흔들리고 있었다.

할머니는 땀을 훔치면서 먼바다를 바라본다. 그녀의 두 눈에는 눈물이 그렁그렁 맺혀있다. 연기 때문인지 매운 인생살이 때문인지 알 수 없는 슬픔이 일렁거린다. 아궁이 속에서 타고 있는 나무도 그 마음을 아는지 짙은 연기를 뿜어낸다. 할머니의 삶도 장작불처럼 활활 타오르고 싶었을 것이다.

가까이 지내던 이웃집에 초상이 났다. 먹을 것이 흔하지 않던 시절에 집안의 대소사 치르는 일은 여간 힘든 일이 아니었다. 할머니는 마당 한가운데 가마솥을 걸어 놓고 불을 지피고 돼지고기를 삶는다. 사람들이 둘러앉아 몸국이 나오기를 기다린다. 고기 삶은 국물에 '몸'과 배추를 넣고 끓이면 몸국이 된다. 몸국이 익어가는 냄새가 마당으로 가득 퍼지고 있다.

'몸'은 모자반의 제주도 사투리다. 몸은 톳하고는 다른 바닷가 바위에 자라는 해초이다. 바다에는 톳이랑 몸이 지천으로 자라고 있다. 할머니는 바쁜 농사일을 하다가도 물때가 되면 바다로 나갔다. 바다가 그리워서인지, 바닷물 속에 숨어있는 친구들이 보고 싶어서인지 알 수는 없다. 바다에서는 여장부처럼 강인했던 할머니의 모습이 눈에 선하다.

할머니는 몸 채취가 이루어지는 겨울 바다를 마다하지 않고 호미 끝이 닳도록 바위를 긁어내며 몸을 채취했다. 옛날에는 참 흔한 해초였지만 요즘은 꽤 귀하고 값도 비싸다. 바다가 오염되면서 그 많던 몸이 점점 사라지고 없다. 몸은 인간의 그릇된 욕심으로 바위에 발을 붙이지 못하고 없어지고 있는 현실이다.

할머니가 채취해온 몸을 볕 좋은 마당에서 말린다. 손녀딸도 고사리손을 보태어 몸 말리는 일을 돕는다. 금방 채취한 몸에서는 바다 냄새가 난다. 잘 마른 몸은 저장해 두었다가 동네에 경조사가 생기면 아낌없이 내어준다. 울타리 하나를 사이에 두고 옹기종기 모여 살았던 작은 동네 사람들은 모두 몸을 내어준 바다를 사랑했다.

바다는 불어오는 태풍을 거역하지 않는다. 할머니도 바다를 친구삼아 순종하며 살아왔다. 바람이 불어와도 의젓하게 바다를 지키는 것이 삶의 전부였다. 먹성 좋은 자식들의 배고픔을 바다에서 건져 올린다. 육남매나 되는 자식들을 키우기 위해 남보다 더 부지런했던 할머니는 추위와 배고픔을 견디어내며 바다에만 의지해 살아왔다. 바다처럼 아낌없이 내어주는 사랑과 배려하는 마음을 자손들에게 물려주고 싶었다.

밀려오는 파도 소리를 듣고 있으니 할머니의 목소리가 귓가에 들려온다. 바다처럼 너른 가슴으로 세상을 사랑하며 살아가라고 이야기를 해주는 것 같다. 무한한 시간과 엄청난 변화에도 불구하고 그 안에 수많은 생명체를 품고 있다 가난한 삶에서도 포기하지 않고 오직 자신을 희생하여 자식들을 품었던 할머니다. 바다처럼 모든 것을 내어주는 너른 성품은 주위를 풍요롭게 만들었다. 할머니가 살아온 자리는 봄날 아침 바닷가에 피어난 벌노랑이꽃처럼 단아했지만 내가 지나온 자리는 부끄럽기만 하다.

할머니에게서는 언제나 풋풋한 바다 냄새가 났다. 할머니의 삶은 윤슬처럼 가슴속에 남아 빛나고 있다. 바다는 아름다움을 선사하는 동시에 자연의 위대한 힘을 보여준다. 할머니의 사랑 같은 바다는 춤추듯 밀려갔다 밀려온다. 무한한 자유와 사랑을 누리며 파도와 함께 춤추고 있다. 할머니는 힘들고 고된 삶을 살아왔지만, 바다에서 꿈과 희망을 찾고 싶었을 것이다. 모든 것을 아낌없이 내어주던 할머니의 삶은 곧 바다였다.

이제 바다는 옛날의 그 바다가 아니다. 사람들의 잘못된 생각과 행동으로 인해 바다는 눈물을 흘리고 있다. 매일 유입되는 유해 물질로 하루도 편히 숨을 쉴 수가 없다. 바다에는 흰 포말만 남아 그 많던 몸도 조금씩 사라지고 있다. 몸이 사라지면 몸국을 끓이던 할머니도 사라지겠지.

바다에서는 아름다움과 풍요로움이 상실되어 가고 있다. 오랜 세월 우리와 함께했던 바다는 갈수록 오염되어 고통받고 있다. 그 맑고 푸르던 물결은 어디로 가버리고 흐릿한 바닷물만 남은 걸까. 하늘에서는 맑은 별들이, 바다에서는 푸른 파도가 사라져 가고 있다.

할머니가 우리 집안의 근원이듯이 바다도 우주의 근원이다. 몸국을 통하여 베풀었던 사랑은 바다만큼 크고 깊었다. 몸국을 끓여 동네 사람들에게 따스한 온기를 주던 할머니는 오래전에 하늘나라로 떠났다. 할머니가 떠난 자리에서 어머니가 대신 몸국을 끓이고 있다. 어머니가 가고 나면 누가 몸국을 동네 사람들에게 끓여 줄 것인가. 할머니의 몸국은 어디에서 다시 먹어볼 수 있을까.

해가 서산으로 넘어가는 무렵 갯바위를 거닐고 있다. 갯바위는 파도만 안아줄 뿐 말이 없다. 파도 소리에 놀란 작은 물새들은 어디론가 날아간다. 해안가의 절벽에 숨어 혼자 피어있는 작은 풀꽃이 할머니의 손짓처럼 하늘거린다. 해와 달 그리고 작은 마을 사람들의 이야기를 조용히 들어주던 갯바위는 비릿한 바다 냄새를 품고 있다.

바위에 앉아 몸 같은 녹색의 이끼를 만져본다. 바다는 언제까지나 우리에게 풍요로움을 선사하는 보물창고로 남아 있을까. 바다에서 깨어난 바람은 햇살을 묻히고 석양으로 날아간다. 따스한 몸국의 계절이 오니 할머니가 끓여주던 몸국이 더욱 그리워진다.

갱이죽

태양이 수평선 너머로 서서히 사라져가고 있다. 붉은 노을이 희미해지면 어둠이 내려와 고단한 하루를 보낸 사람들을 위로한다. 바다도 작은 물결을 일렁거리며 갯가로 밀려온다. 불어오는 바람이 물새들과 함께 해안에 있는 나무들과 이야기를 나눈다. 나뭇잎들은 바다에서 있었던 일들을 기억 속에 남긴 채 조용히 흔들리고 있다.

바닷가에 어둠이 찾아오면 멀리서 별들이 하나둘 반짝이며 나타난다. 바다에서는 새로운 생명이 태어나고, 새로운 만남이 이루어진다. 어둠은 불안과 두려움을 불러일으키지만, 평온과 고요함도 함께 안겨준다. 파도가 밀려오는 소리는 깊은 사랑의 고백처럼 감미롭게 들린다. 어둠 속 별들은 우리에게 희망의 불씨를 전해주기 위해 간절하게 반짝이고 있다.

어린 시절부터 바닷가를 거닐다 바삐 기어다니는 게를 봤다. 제주에서도 바닷게를 부르는 이름이 다양하다. 서귀포 지역에서는 '겡이'라고 하고, 다른 지역에서는 '깅이'라고도 한다. 게들은 경주하는 육상선수처럼 쏜살같이 움직인다. 손으로 잡으려 하면 작은 몸은 어느새 바위 속으로 유연하게 사라졌다. 게의 집은 바닷가 작은 돌 틈 사이에 있다. 많은 가족을 거느리며 살아야 하기에 먹이를 찾아 끊임없이 움직일 수밖에 없다. 그가 걷는 자취는 곧 바다의 삶이며 시간의 흔적이다.

할머니는 오늘도 바다로 게를 잡으러 나선다. 빛바랜 갈색 바지를 입고 주둥이가 좁은 플라스틱 통을 들고 갯가로 나간다. 언제나 같은 모습이다. 몸에서는 비린내가 향수인 양 풍기고 있어 아이들은 '게 할머니'라 부른다. 얼굴에는 삶의 고단한 흔적이 시간과 함께 간직되어 있다. 세월의 무게로 얼굴은 쭈글쭈글했지만, 걸음걸이는 젊은 사람보다 더 당당하다. 동네 사람들은 할머니를 보고 바닷게를 많이 먹어서 건강하다고 했다.

바닷게가 생존을 위해 부지런히 움직이는 것처럼 할머니도 집안을 거느리는 가장으로 조용한 날이 없다. 바닷가의 절벽을 오르고 내릴 때도 힘이 넘쳐난다. 바닷가에 도착하자마자 게를 찾기 위해 작은 바위를 이리저리 뛰어다니며 게를 잡는다. 할머니는 게처럼 바다를 기어다니며 더 단단하고 더 용감해졌다. 자기 삶을 역사처럼 고스란히 몸에 담고 있었다.

할머니는 가족을 책임지는 가장으로 바다에 자신을 내던지며 헌신하고 살아왔다. 삶은 누구에게나 벅차고 힘든 일이다. 세상 풍파에 시달리며 살아가야 하는 이유는 내일의 생존을 위해서이다. 여성으로 태어난 이상 운명이라 생각하고 살 수밖에 없었다. 아침 이슬을 맞으며 찬거리를 위해 바다로 나가는 일은 살기 위한 몸부림이었다.

가난하고 힘든 삶이라 바닷게처럼 부지런히 살 수밖에 없었다. 어려운 일 앞에서 할머니는 결코 무너지거나 타협하지 않았다. 고통스러운 삶에서 벗어나기 위해 어떤 상황이 닥쳐도 포기하지 않았다. 삶은 비록 가난했으나, 가족의 행복을 바라는 마음이 할머니가 살아내야 하는 이유이고 보람이었다. 할머니의 세월은 모두 어디로 훌쩍 가 버렸는지 모른다. 그렇지만 할머니가 만든 시간의 탑은 우리 집 주춧돌처럼 든든하다.

사람들은 입맛이 없거나 간단하게 식사하고 싶을 때 죽을 먹는다. 우리가 흔히 먹는 죽과는 달리 갱이죽은 별미이다. 작은 게를 곱게 갈아 만든 죽을 제주에서는 '갱이죽' 이라 한다. 요즘은 믹서기가 나와서 쉽게 갈아서 죽을 끓일 수 있지만, 옛날에는 잡아 온 게를 맷돌에 넣고 돌려서 죽을 쑤었다. 할머니가 게를 많이 잡은 날에는 우리 집도 갱이죽을 먹는 날이다. 그 맛이 어찌나 좋던지 지금도 그리운 맛이다. 가끔 재래시장에서 플라스틱 통에 들어있는 작은 게들을 보게 되면 그때가 생각난다.

마당에 우뚝 서 있는 나무가 유난히 흔들린다. 고목은 불어오는 세찬 바람을 이겨내지 못하고 이리저리 휘청거린다. 할머니도 어느덧 나이가 들었다. 남은 자식들 걱정으로 한숨이 깊어진다. 그간 살아온 굴곡진 얼굴에는 주름이 훈장처럼 가득하다. 바닷가에서 부지런히 기어다니는 게는 아무리 작은 존재일지라도 그 삶은 커다란 가치를 지니고 있다.

할머니가 어둠 속에서 눈물을 흘리며 힘겨운 삶을 견뎌 왔듯이, 바닷게가 살아가는 방법도 크게 다르지 않다. 할머니가 홀로 눈물을 감추고 있을 때 바닷게는 다시 더 작은 먹이를 찾아 돌 틈을 헤집고 다닌다. 자신이 입은 상처를 치유하기 위해 탈각脫殼을 한다. 탈각해서 새로운 껍질을 만들고 몸집을 키워 삶의 원동력을 얻는다. 살 만큼 살다가 가야 할 곳이 어디인가를 애끓는 목소리로 묻는다.

아무리 작고 비천하게 산 사람의 일생이라도 한 줄로 요약되는 삶은 없다. 오늘도 바닷게는 흔적을 남기지 않고 어딘가로 기어간다. 작은 꿈을 간직한 채 어느 초라한 바위 아래서 잠든다. 이 세상에 주소가 없는 사람들에게도 희망은 있다. 꿈과 희망마저 포기한다면 어떻게 살아갈 수 있을 것인가.

할머니는 가족들을 위해 자신의 모든 것을 던졌다. 힘든 삶에서 굽이굽이 내리는 서러움이 파도처럼 마음을 젖게 할 때도 많았다. 세상 풍파에 시달리다 보면 중심 없는 파도같이 이쪽으로 갈 때도 있고 저쪽으로 흔들릴 때도 있다. 그 속에서는 남들이 알지 못하는 치열한 삶이 연속되고 있었다. 그때마다 할머니는 바다에서 바닷게처럼 삶의 에너지를 건져 올렸다. 언제 삶이 고통이 아닌 적이 있던가. 벼랑 끝에 서 있는 무섭고 외로운 시간 없이 진정한 삶을 건져 올릴 수 없었다.

할머니는 이제 먼 길을 떠났다. 할머니가 갱이죽 한 그릇에 담았던 따스한 마음을 느껴보고 싶지만, 이제는 그럴 수 없다. 할머니는 지나가는 바람을 붙잡고 가족을 부탁했을 것이다. 살아야 하는 일은 남은 자의 몫이다. 언젠가 할머니의 마음을 이해하고 그 마음을 그대로 받아들일 수 있다면, 그 시간은 이 세상에서 가장 아름다울 때가 될 것이다.

오늘도 바다는 여전히 푸르고, 바닷게는 열심히 바위틈을 헤집고 다닌다.

벽난로 앞에서

어두운 하늘에서 어슬렁거리던 싸락눈이 땅 위에 날린다. 사각거리는 소리는 자연의 품에서 안식처를 찾아가는 소리다. 사람들은 서둘러 온기가 넘치는 집으로 돌아간다. 겨울이 온 것이야 진작 알고 있었지만, 눈이 내리는 것을 보고서야 비로소 겨울을 실감한다.

자배봉 자락에도 눈이 소복하게 쌓였다. 작은 동네에는 자배봉이 수호신처럼 우뚝 서 있다. 나무와 새들과 다람쥐가 함께 어울려져 살아가는 곳이다. 참나무는 나뭇잎을 다 떨구어 낸 모습이 앙상하다. 그 옆에 소나무는 위풍당당 푸른 잎을 자랑한다. 함박눈이 소복이 내리면서 아름다운 풍경화를 만들어 낸다.

이곳은 어린 시절 꿈이 익어가던 곳이자 놀이터였다. 동네 언니들을 따라 자배봉에 올랐다. 솔가지와 마른 솔잎을 갈퀴로 긁어모았다. 모아놓은 나뭇가지들을 얼키설키 쌓기 시작한다. 운반하기 편하게 하기 위한 것이라 한다. 솔잎을 모아서 짐을 꾸릴 때는 서로 도와주기도 한다. 언니들이 지고 갈 것은 크게 만들고, 내 것은 작게 만든다. 모두 겨울 동안 이용할 땔감이다.

겨울이 깊어지면 벽난로를 피운다. 신문지와 택배 상자를 불쏘시개로 쓴다. 그 위에 장작을 올린 뒤 불을 붙이면 활활 타오른다. 마른 장작이 타닥타닥 소리를 내며 금세 불꽃을 튀긴다. 장작은 불에 희생되어 따뜻한 불꽃과 온기를 만들어준다. 우리도 때로 어려움을 감수하면서 더 나은 세상을 만들고자 자기를 내던진다. 희생은 자신의 이익을 태워서 없애는 것이 아니다. 장작이 불꽃을 피우며 온기를 만들어 내듯 희생은 가족과 세상의 행복을 함께 나누는 일이다.

벌목한 삼나무를 가져가라고 지인이 연락해 와서 한걸음에 달려갔다. 장작을 가지러 가는 길에 자배봉에 올라 보기로 했다. 옛 기억 하나가 떠오른다. 이 아름답던 숲에 산불이 난 것이다. 소나무에 불이 붙어 온 산이 빨갛다. 송진 때문에 검은 연기가 전쟁터를 방불케 했다. 산불은 금방이라도 집을 집어삼킬 듯 화력은 대단했다. 불타는 아수라장에서 사람들은 생명 터가 사라지는 모습을 바라보면서 목이 쉬도록 절규했다. 이때의 화재로 새로 심은 어린나무들이 몰라보게 자라 울창한 숲을 이루고 있었다.

벌채 작업으로 여기저기 널려 있는 마른나무들이 보인다. 가져온 나무를 마당 한구석에 정리했다. 장작을 정리하면서 그간 살아온 삶을 생각해 봤다. 그동안 어떤 삶을 살아왔는가. 나무도 한때는 어느 자리에서 위용을 자랑하며 살아왔으리라. 비록 이제 쓸모없이 버려지는 나무지만 마지막 장작이 되어 자신을 불태울 것이다.

요즘은 '불멍'이 유행이다. 뇌를 연구하는 과학자들은 최고의 힐링이라고 한다. 머릿속은 언제나 잡다한 생각들로 갈팡질팡하며 흔들린다. 불멍을 하는 순간은 생각의 변화가 멈추고 불에 집중하여 오롯이 자신을 돌아보게 된다. 활활 타오르는 불꽃을 바라보며 삶의 위안을 얻는다. 살아오면서 잃어버린 것, 지나가 버린 것에 대한 그리움만 남는다. 나무는 때가 되면 모든 것을 다 버리고 지나온 세월의 언어를 나이테로 새긴다. 그동안 살아온 세월을 어떤 언어로 나이테에 새겨 넣을 것인가.

우리가 아무리 들여다본다 해도 좀처럼 알기 어려운 것이 삶의 모습이다. 자신을 위해서 누군가를 위해서 희생하는 삶을 살았던가. 스스로 마음에 쌓은 그 장작들을 불태워 낼 줄 모른다면 희생은 없다. 욕심만 있을 뿐이다. 마음속에 무엇을 채워야 할지는 온전히 나의 선택이다. 마음의 방에 들어갈 수 있는 건 타다 남은 장작뿐만은 아니다. 하루하루 마주할 수많은 덤불 위에서 마음속에 채울 장작은 아직 남아있다.

불은 모든 것을 태운다. 하찮고 쓸모없는 것이든 훌륭한 것이든 모두 태운다. 어릴 때의 불장난은 자다가 이불에 지도를 그리고 말지만, 어른의 불장난은 일생의 큰 사건을 만든다. 눈물로 시작해서 눈물로 끝날 불장난, 프로메테우스가 인류에게 불을 전해준 이래로 이 세상에 축복과 불행을 동시에 가져다준 것이 불이다. 너는 지금 어디서 불씨를 감추고 연기만 피우고 있는가.

불로 태워진 세월과 언어는 무엇으로 남게 될까. 그렇게 태운 장작불은 주변의 사람들과 세상을 따뜻하게 해준다. 때로 불은 세상을 불태우는 파괴성을 지니고 있지만, 온기와 빛을 주면서 세상을 밝힌다. 사람과 동물 할 것 없이 모두 불 곁에 모여 이 세상의 축복과 은혜를 이야기한다.

장작은 타다 남은 한줌의 재만 남긴 채 사라진다. 힘든 일이 있을 때면 푸르름이 가득한 숲속을 찾아간다. 나무와 바람이 머물다 간 그곳은 삶의 안식처이다. 가슴속 깊은 곳까지 공기를 들이마시며 어지러운 머릿속의 생각들을 정리한다. 나뭇잎이 흔들리는 것을 조용히 바라보고 있다. 나뭇가지가 바람 따라 흔들리는 것처럼 평화롭게 욕심 없이 살고 싶다. 나무처럼 제자리를 지키며 바람을 만나면 바람을 위해서, 비를 만나면 비를 위해서 살고 싶다.

함박눈이 바람에 휘날리며 어디로 가야 할지 몰라 서성인다. 겨울이 깊어지면 온몸의 세포들이 알 수 없는 외로움을 느낀다. 그래서 사람들은 따뜻한 장작불을 피워 불 앞에서 보내는 시간을 좋아하는 것 같다. 불을 피우는 일은 생각처럼 쉬운 일이 아니다. 장작을 쪼개야 하고, 시간 맞추어 아궁이에 나무도 넣어주어야 한다. 어쩌다 불이 꺼지면 다시 살려야 하는 번거로움도 있다. 도시처럼 스위치 하나 올리면 편하게 난방할 수 있겠지만, 시골 생활의 운치는 불 피우기의 불편함에 있다.

겨울이 시작되면 집에서는 어김없이 벽난로가 타오른다. 벽난로의 장작불 속에서는 많은 것이 타오른다. 삶에서도 태워 버리고 싶은 것들이 너무나 많았다. 이 세상에서 이루지 못한 것들에 대한 아쉬움, 먼저 떠난 사람들에 대한 그리움도 모두 태워 없애 버리고 싶었다. 머지않아 나는 모든 것을 잊게 될 것이고, 그 모두도 나를 잊게 될 것이다.

노을이 붉게 물들어 가듯이 장작불도 마지막 불꽃을 활활 태운다.

낙엽의 미덕

초록빛을 자랑하던 나무는 어느새 가을옷으로 갈아입었다. 나뭇가지 사이로 부서지는 햇살이 눈부시게 빛난다. 하늘은 더없이 푸르고 뒹굴던 낙엽은 바람에 쓸리어 날아간다. 길거리에 어지럽게 흩어진 은행잎 사이로 붉은 단풍잎이 하나둘 떨어진다.

가을이 깊어가고 있다. 하늬바람이 불어오면 생각은 안에 있지 않고 늘 밖으로 나돈다. 메마른 나뭇가지 끝에 대롱대롱 매달린 단풍잎들이 서럽게 진다. 켜켜이 쌓이는 낙엽은 서로의 몸을 의지한 채 살아온 이야기한다. 아직 삶의 끈을 놓지 못한 단풍잎들이 가을바람을 이기려 온 힘을 다하여 매달려 있다. 떠나가는 단풍과 마지막 작별 인사를 하기 위해 산길을 걷는다.

어깨 위로 가을 햇살이 살포시 내려앉았다. 갓난아이가 어느새 자라서 할머니의 손을 잡고 비틀비틀 걷는다. 길가 언저리에 핀 들국화가 함께 하지 못한 마음을 알아 달라는 듯이 진한 향기를 뿜어낸다. 가을이면 인생의 노을처럼 낙엽이 진다. 깊어 가는 가을은 아직도 할말이 많다는 듯 사연을 담은 낙엽을 흩날린다. 오래된 삶의 기록들은 하나둘 부서져 떨어져 날린다. 다하지 못한 시간은 아쉬움만 남긴 채 찢어진 기억의 공간을 채운다. 젊음의 찬란하던 빛을 잃고 메말라 가는 것이 어찌 낙엽뿐이겠는가.

떨어지는 낙엽 속에 기억도 함께 흐른다. 그이와 걸었던 마지막 월출산 산행은 아직도 선혈처럼 생생하다. 천황사와 구름다리를 지나 도갑사로 내려오는 길을 택했다. 책상에 앉아서만 생활하던 나에게는 힘든 코스였다. 오래 걸어보지 못한 발은 물집이 생겨 쓰리고 아프다. 힘든 산행길이 계속되었다. 바윗길을 급하게 내려서면 산길은 다시 오르막길로 변하고 숨이 턱밑까지 차오른다. 걸어왔던 길을 되돌아가기도 앞으로 나서기도 힘든 상황으로 점점 지쳐간다.

길을 걷는 동안 내 아픈 상처만 보이고 그 사람이 들썩이는 어깨는 보이지 않았다. 삶은 언제나 고달프고 버거운 일이지만 살아내야 하는 일이다. 오르막 내리막으로 이어지는 산행길은 인생길과 같다. 좋은 일이 있으면 금방 좋지 못한 일이 따라 올라와 마음에 생채기를 낸다. 굽이굽이 휘감은 산의 풍광이 잠시 지친 몸을 쉬어가게 하지만, 다시 걸어야 할 길은 멀기만 하다. 한 발 한 발 가을을 향해 걷다 보니 시간은 벌써 노을을 부르고 있다. 어제와 오늘이 쌓여 이렇게 먼 자리까지 왔다.

노을은 고요하고 아름답지만, 그 속에서 세상사는 희로애락을 가득 품고 있다. 그는 머물던 자리에 크고 작은 흔적들만 남겨두고 떠났다. 저무는 노을과 함께 멀어져 간 아픈 이별은 통곡으로도 못다 할 헤어짐이었다. 평생 숨겹게 살아왔던 삶인데 아쉬운 입맞춤 한번 없이 사라지는 뒷모습이 처연했다. 무던히 노력하며 달려왔던 길에 물웅덩이가 생기고, 걸어온 자리마다 폐허인 듯 구멍이 생겼다.

산행을 즐겨하던 그는 울창한 숲으로 들어가면 나무를 꼭 껴안았다. 어릴 적 어머님 품이 그리워서인지 포근함도 없는 나무를 자주 끌어안았다. 헛헛한 마음을 위로받는 듯 나무 곁에 오래 머물렀다. 나무의 기운을 받아 세상에 조금 더 머물기를 원했는지도 모른다. 나무는 만나는 사람들의 사연과 함께하며 같이 기뻐하고 슬퍼해 준다. 사람이나 자연이나 서로 따뜻한 가슴으로 끌어안는다는 것은 얼마나 포근하고 아름다운 일인가.

창밖을 내다본다. 사람들은 제각각 바쁘게 걸어간다. 무리 속에 끼어들지 못하고 홀로 남아 불어오는 바람에 마음이 서걱거린다. 의지할 사람 없이 혼자 걸어가는 사람은 사소한 말 한마디와 한줌의 눈길에도 주춤거린다. 인간의 삶은 고통과 아픔을 통해 성숙해진다. 우리의 삶이 끝내 이별이라 할지라도 삶을 서러워하지 말자. 채워지지 않는 허기진 마음이 자꾸 갈 길을 재촉한다.

가난한 배낭 하나를 메고 무작정 떠나왔다. 여행은 낯선 곳으로 떠났다가 익숙한 곳으로 돌아오는 여정이 아닌가. 한번 지나간 시간은 다시 돌아오지 않는다. 볼품없이 살다 저물어 가는 인생은 되고 싶지 않았다. 비가 내린다. 준비 없이 떠나온 나그네 마음에도 찬비가 내린다. 그동안 참았던 눈물같이 비는 갈수록 거칠어지고 사납게 내린다. 유리창을 두드리는 사나운 바람 소리에 상념은 더 깊어졌다.

젖은 단풍잎을 주워 물기 털어내듯 아팠던 마음을 고운 실로 엮어맨다. 눈물이 마른 뒤에야 생각은 고요해졌다. 그저 하루하루 버티며 살아온 삶이 축복인 것을 너무 늦게 알았다. 아침에 일어나 아무 일 없이 온전하게 하루를 살아낸 것, 가족을 위해 헌신한 것, 직장에 나가 오랜 시간 일을 할 수 있었던 것이 모두가 넘치는 행복이었다.

아무도 없는 산길을 저벅저벅 걸어간다. 나를 찾으러 떠나왔던 길에 마음의 먼지를 모두 털어내고 낙엽처럼 휘날리며 돌아왔다. 길을 걸으며 인생의 덧없음을 알았다. 지나온 날을 생각해 보니 산다는 건 덧없고 쓸쓸한 일이었다. 풀 위에도 나뭇잎에도 돌 위에도 산산이 부서지던 비는 그치고 햇살도 바람도 살랑살랑 불어온다.

가끔은 아프고 흔들리며 살아가겠지만, 시간은 조용한 침묵 속에 흘러간다. 해가 지고 어둠이 내리면 모든 상념은 어둠 속에 갇히고, 또다시 살아갈 여백을 들여다본다. 셈하지 않아도 살아갈 시간이 점점 짧아지는 것을 안다. 가을은 다른 계절보다 하루하루가 더욱 빠르게 지나간다. 삶은 더 짧고 애틋함은 가을 가지에 걸려있다. 얼마 남지 않은 이 길에 무엇을 남겨야 하는지 고민하는 동안 낙엽은 또 떨어져 쌓인다. 피고 지는 일이 이제 나의 일이 아닌 듯이 낙엽은 시간 속에서 떨어진다.

몸은 낙엽 속에 누이고 비가 내리고 바람이 불어도 아직 다하지 못한 이야기는 남아있다. 낙엽처럼 헤어진다는 것은 순간에서 영원을 말하는 것이다. 어제와 오늘, 이렇게 먼 자리에서 서로를 기다리고 있다. 낙엽은 슬프지만 아름다운 모습으로 내일을 기다리며 가을을 떠난다.

노을에 기대어

텅 빈 하늘에 저녁노을이 붉다. 한여름 이글거리던 태양은 하루를 마감하고 서쪽 하늘로 저문다. 종일 새로운 세상을 헤매던 작은 새 한 마리가 고단했던 날개를 접으며 날아간다. 가마솥 같은 더위에 허덕이던 꽃들도 까무룩해져 가는 시간이다.

새들도 한 시절이 끝나면 홀로 어딘가로 떠난다. 나도 창공을 날아가는 새처럼 자유로운 삶을 꿈꾸었다. 쉼 없이 달려온 시간 속에서 안개비 맞으며 새벽 창을 열었고, 녹음 짙은 숲속에서 파랑새를 찾아 헤매기도 했다. 저토록 많은 시간에 쫓기듯 붉어가는 노을, 흘러가는 구름은 어디로 가고 있나. 한때의 광휘마저 서둘러 지워지면서 어디로 가고 있나. 마지막까지 앉아 있던 사무실 의자와 정들었던 직원들과 작별 인사를 나눈다.

직원 한 명이 대표로 나와 장미꽃 한 다발과 선물을 건네준다.

장미꽃 속에는 "꽃길만 걸으세요."라는 메시지가 들어있다. 지난 아득한 시간과 인연이 붉은 장미꽃과 함께 마감되는구나 하는 생각에 한참 동안 말없이 서로의 얼굴을 바라보았다. 이제 길고 긴 공직 생활의 마지막에 이르렀다는 아쉬움과 두려움이 서늘한 바람이 되어 가슴에 다가온다.

기억의 저편에서는 여전히 꽃이 피고 산새가 노래한다. 가슴에서 애꿎은 바람 한 자락이 휙 하고 지나간다. 커다란 부와 명예를 이룰 수 없을지라도 나날이 맡은 일에 최선을 다하면서 묵묵히 걸어왔던 길이다. 한평생 한곳에 몸담아 일하면서 산다는 것은 기나긴 자기와의 싸움이었다. 겨울날에는 여명이 트기도 전에 한라산을 넘어야 했고, 밤하늘에 총총한 별들을 바라보며 집으로 돌아왔다. 퇴근길에 바라보는 별들은 추운 밤공기에도 진하게 반짝인다. 저희끼리 캄캄했던 밤하늘의 세월을 함께 나누며 추억이 되고 아픔이 되었다고 한다.

인연은 우연에서 시작된다. 우연이 운명으로 이어지고 인연을 통해 서로가 인생의 반려자가 되기도 한다. 소중한 인연을 찾은 사람은 삶이 풍요로워진다. 진정한 인연을 알아보지 못하고 스쳐 지나가는 경우가 너무나 많다. 그 이름도 기억하지 못한 채 스쳐 지나가는 인연도 있다. 어느 순간 우연히 다가오지만 그 인연이 내 삶의 전부가 되어줄지도 모른 채 물 흐르듯 흘려보낸다. 다른 사람에게 얼마나 관심을 기울이며 지금까지 살아왔는지, 남과 무엇이 다른지를 깨닫는 것이 참된 인연이 아닌가.

모든 인연은 소중하다. 소중한 인연도 복잡한 관계들로 얽히면 쉽게 끊어져 버린다. 직장 생활에서는 더욱 그렇다. 승진을 해야 하고 경쟁 관계에 놓이게 되면 그간에 쌓인 우정은 헌신짝처럼 쓸모가 없어진다. 각별한 사이라고 여겨지던 친구는 사소한 오해로 인해서 멀어지게 된다. 풀지 못한 오해는 간격을 좁히지 못하고 서로 어색한 사이가 되기도 한다. 살면서 만남이 있으면 헤어짐이 있듯이 의지와 상관없는 헤어짐은 가슴 아픈 일이다.

한때는 인연을 넓혀 보려고 사람들과 만나서 영혼 없는 웃음을 지워 보일 때도 있었다. 지상의 남루함이야 누더기를 걸친들 살아갈 수 있었겠지만, 마음의 누추함은 견딜 수 없는 일이었다. 누군가에게나 편한 신발이 되어주고 싶었다. 내가 신은 운동화가 물에 젖을까, 삶의 여백을 잘못 물들일까 하며 힘들게 살아왔다. 어떤 삶을 살아야 성공한 삶인지 알지도 못한 채 삶의 언저리에서 늘 허덕이고 있었다.

법정 스님은 인연을 함부로 맺지 말라고 충고했다. "진심 어린 마음을 주었다고 해서 작은 정을 주었다고 해서 그의 거짓 없는 맘을 받았다고 해서 그의 깊은 정을 받았다고 해서 내 모든 것을 걸어버리는 깊은 사랑의 수렁에 빠지지 않기를." 사람들은 인연을 소중하게 여기기도 하지만, 한편으로는 가볍게 생각하기도 한다. 모든 인연은 태어나면서부터 시작된다. 가족과의 인연, 친구와의 인연, 동료와의 인연, 다양한 인연들이 모여 집단을 이루고 가정을 이룬다. 사람과 사람 사이에 쌓인 몇 겁의 인연일지라도 부주의한 말 한마디에 아주 쉽게 부서진다.

인연이 오래도록 지속되려면 관계에서 때론 거리가 필요하다. 너무 가까이도 너무 멀지도 않은 거리에서 서로 지지하고 응원해야 좋은 관계를 유지할 수 있다. 들길을 친구와 함께 걸으며 자주 하는 생각이다. 풀숲 사이를 자유롭게 넘나드는 여치나 무논에서 울어대는 개구리도 소중한 인연으로 맺어진 친구들이다. 인연이 동반의 길로 이어지기 위해선 이른 아침부터 해지는 저녁까지 우리에게 스쳐 지나가는 모든 것을 가슴속 깊이 간직하며 서로에게 물들 일이다.

길을 걷다 젖은 풀잎에 내음을 맡아본다. 삶의 조각들이 오롯이 그 안에 숨어있다. 연두는 나날이 번져 짙은 초록을 만들어 낸다. 마침내 찾은 길에서 만난 비바람도 산들바람도 작은 풀꽃도 모두 삶의 한 조각이다. 이제까지 걸어온 길보다 지금부터 걸어갈 길이 중요하다. 마음을 낮추고 자연과 함께 조화를 찾아가는 중이다. 소낙비가 내리면 비를 피해 잠시 기다리면 햇살은 금방 얼굴을 내민다. 하늘 위를 떠돌던 새털구름도 자유롭게 어디론가 흘러간다.

어디에도 얽매이지 않는 자유로운 삶이 점점 익숙해진다. 내가 추구하는 삶의 안정도, 변화도 모두 자유로운 영혼에서 출발한 것이다. 세속에 속박되지 않고 자유롭게 살 수만 있다면 그것은 축

복이다. 인연으로 맺은 사람들의 얼굴이 하나둘 떠오른다. 이들은 지금쯤 무슨 꽃이삭을 주우며 살아가고 있을까. 그들도 너른 품을 가지고 한발 한발 걸어가고 있겠지.

집으로 돌아오는 길, 서쪽 하늘에서는 노을이 붉게 물들어간다. 저 노을에 기대어 지난 40여 년 동안 지친 몸과 영혼을 위로받고 싶어진다. 산중턱에 나무 한 그루가 바람에 살랑거린다. 그늘이 되어주는 저 나무도 오늘 나와의 인연이 닿아 저기에 서 있으리라. 바람이 스치는 소리를 듣고 지는 석양을 바라보니 살아온 무수한 시간이 한순간과 같다는 생각이 든다. 바람처럼 잠시 머물고 석양처럼 때가 되면 서쪽으로 저물어 가야 하는 것이 인생이 아닌가. 그렇지만 아직도 살아서 힘차게 뛰고 있는 심장을 두고 어디로 가야 하지? 붉게 물들어가고 있는 노을처럼 내 곁에 머물렀던 소중했던 시간과 인연들을 생각하며 새로운 내일을 기다린다.

마매기당

한라산이 온통 흰 눈으로 덮여 있다. 세상에 존재하는 신들도 새해를 맞았으니 눈이 내려 축복해 주는 것 같다. 마당에 서 있는 나무 위에도 소복하게 눈이 쌓였다. 모두가 잠든 고요한 밤에 세상을 지켜주려는 듯이 하얀 이불을 덮고 있다. 아무도 걷지 않은 새벽길을 먼저 걷고 싶어 집을 나섰다.

눈길을 걷다 보니 찬바람이 목덜미를 타고 온몸으로 전해온다. 상쾌한 아침 공기가 잠자고 있던 세포를 깨운다. 갑자기 강아지 한 마리가 나타나 벗이라도 하자는 듯 주위를 맴돈다. 꼬리를 연신 흔드는 강아지에게 손을 내밀자 입맞춤을 한다. 손에다 코를 대고 킁킁거리며 길을 안내해 준다. 혼자 걸어온 눈길에 두 줄의 발자국이 선명하다. 앞서가던 강아지는 굿당 앞에서 사라져 버렸다.

사라진 강아지를 찾으러 굿당을 들여다보았다. 신을 만나도록 강아지를 앞세워 안내한 것인가. 굿당에는 들어가고 싶은 마음이 전혀 없었다. 아직도 무당과 관련된 생각이 떠오르면 무서움이 앞선다. 눈 쌓인 굿당 앞을 젊은 아낙이 큰 빗자루로 길을 내고 있었다. 밤사이에 눈이 많이 내려 영접하는 신들이 길을 잃을까 봐 걱정되는 모양이다. 새벽부터 분주하게 준비하는 것을 보니 특별한 신이라도 방문하는 것일까. 굿당을 보고 싶지 않아 고개를 돌려 걷는데 옛 생각이 스쳐 지나간다.

무당은 느리게 한 걸음씩 바닷바람을 뚫고 걸었다. 그 뒤로 어머니가 내 손을 잡고 어두운 바닷가 돌밭길을 걷는다. 평평한 바위에 초석을 깔고 준비해 간 제물을 차렸다. 무당은 캄캄한 밤 바닷가에 촛불 하나만 켜둔 채 익숙한 솜씨로 가운데 앉으라고 했다. 무서웠다. 시키는 대로 앉으니 가지고 간 옷을 머리 위에 뒤집어씌운다. 무당이 알아듣기 어려운 말로 중얼거리며 바다를 향하여 두 손을 모으며 한참을 비는 것 같았다. 그 이유는 바다에 빠져 죽을 고비를 넘기다 겨우 살아났기 때문에 혼이 나갔다고 한다. 넋 나간 혼을 위로하고 잡귀가 붙지 않도록 하는 일종의 무당 의식이며, 딸을 위한 어머니의 치성致誠이다.

어릴 때 시골에서는 집안에 우환이 생기거나 환자가 있으면 굿을 했다. 먼 친척 언니가 시집을 가서 얼마 되지 않아 이유도 알 수 없는 병으로 아팠다. 어머니를 따라 굿 구경을 하러 갔다. 무당은 칼과 한지를 길게 자른 것을 들고 동서남북으로 허리를 굽혀 절을 하였다. 북채를 쥔 고수가 북을 두드리자 장고수가 장단을 더하며 합을 맞췄다. 북장단이 빨라지자 무당이 버선발을 높게 세우고 두 팔을 하늘로 뻗었다.

이때 삶과 죽음을 넘나들던 사람이라고는 믿지 못할 광경이 벌어졌다. 언니가 벌떡 일어나 무당을 따라 주체할 수 없는 춤을 추었다. 처음 보는 낯선 모습에 너무 놀라 심장이 멎는 것 같았다. 춤사위는 숨이 넘어갈 듯 빨라지기를 반복했다. 북과 장구의 박자도 그에 맞춰 더 급하게 소리를 낸다. 굿이 끝나고 신기하게도 언니는 예쁜 새댁으로 돌아와 있었다. 정말 신이 언니의 병을 낫게 했을까? 그때부터 나의 마음속에는 신에 대한 믿음이 자리한 것 같다.

제주도는 신들의 고향이라 할 만큼 마을마다 신을 모시는 당堂이 여러 군데 있다. 무속신앙으로 불리는 오래된 문화이자 전통 신앙이다. 가톨릭, 개신교, 불교와는 달리 미신이라는 인식이 강하다. 어머니는 가족이 아프면 무당을 찾아 정성을 들였다. 아이들이 넘어지거나 다치면 "아이고 넋들라."라고 말한다. 어릴 적부터 듣고 자라서 자연스럽게 들리는 친숙한 말이다.

내가 자란 동네에는 '마매기당'이라고 불리는 당이 있다. 지형지세가 말잔등 같다고 해서 붙여진 이름이다. 이 당을 주재하는 신은 관운, 재운, 승진을 도와준다고 한다. 마을에 체육대회가 열리면 당에 가서 정성을 들여야 사고 없이 경기를 마칠 수 있다고 믿는다. 어머니도 집안에 행사나 중요한 일이 있으면 정성으로 찾아갔던 당이기도 하다. 그런데 당에 화재가 일어났다. 어느 집안의 무사 안녕을 위해 촛불을 켜고 치성을 드리다 부주의로 불이 났다고 한다. 주민들은 화마에 사라져 버린 당을 보수하려고 동분서주했지만, 다음 해가 돼서야 복원되었다.

언젠가 TV에서 한국의 전통적인 샤머니즘과 프랑스 샤머니즘이 만나는 것을 본 적이 있다. 무당으로 불리는 중재자가 신령과 인간을 중재한다는 점에서는 동서양의 종교의식이 다르지 않았다. 어디서나 인간은 약한 존재이어서 종교나 샤머니즘에 기대고 싶은 것이 인지상정인가 보다. 사람에 따라 삶의 태도에 따라 마음이 강한 사람이 있고 약한 사람도 있다. 그래서인지 가족이 아프거나 어둠 속에 갇힌 기분이 들면 굿당을 찾는다. 무당은 불행의 늪 속에서 빠져나오지 못하는 사람들과 아픔을 공유하며 그들을 도와주고자 한다. 곤경에 처한 사람이 어둠 속에서 빠져나와 더 나은 삶을 살 수 있도록 도와주는 조력자이다. 이제 굿당에 대한 어두운 생각들이 많이 없어지게 되었다.

인간은 신을 의지하며 살아간다. 어려운 일이 생기거나 죽을 고비가 다가오면 신에게 간절한 마음을 담아 기도한다. 삶이 어렵고 힘든 사람은 누군가의 보살핌을 받고자 하는 마음으로 신에 의지하는지 모른다. 그렇기 때문에 종교의 힘은 위대하게 평가된다.

인간이 무탈하게 산다는 것처럼 중요한 일도 없다. 살다 보면 잡다한 생각이 머리를 가득 채울 때가 있다. 분수 넘치게 많은 것을 움켜잡고 있는 것 같아 손바닥을 펴본다. 살아온 삶을 말해주듯이 잔주름만 가득하다. 비우지 못하고 붙잡고 있는 것들이 넘쳐 앞이 보이지 않은가 보다. 영원한 삶은 없다. 모든 것이 유한하기에 더 가치가 있는지 모른다. 신의 존재를 알 수 없으나 오늘날 같이 미래가 불투명하고 어지러운 세상에서 미래를 내다볼 수 있는 눈이 조금이라도 있으면 얼마나 좋을까 하는 생각을 해본다.

아이들이 그린 서툰 그림처럼 하얀 도화지에 그려진 어지러운 발자국이 보인다. 거기에는 삶을 위로받고 싶은 초로의 여인이 홀로 서 있다. 힘들게 살아온 삶, 지혜롭게 세상을 밝히지 못한 삶이 묻혀버리고 그 위를 하얀 눈이 깨끗이 덮어버렸으면 좋겠다. 저 눈처럼 아름다운 세상만 볼 수 있는 밝은 눈을 가질 수 있도록 기도해 본다.

작은 행복

하늘이 무너질 듯 장대비가 쏟아진다. 빗소리는 점점 크게 들리고 잠은 저 멀리 달아난다. 새벽 두 시가 넘은 시각이다. 세찬 빗줄기가 창가를 두드린다. 생각 주머니에 담겨 있던 잡다한 의식의 편린들이 빗물과 함께 쏟아져 내린다. 가을 낙엽 쌓이듯 차곡차곡 쌓여있던 일들이 꼬리를 물고 뒤엉킨다. 새벽녘에서야 잠깐 잠이 들었다.

꿈속에 멧돼지 한 마리가 정원에 들어왔다. 정원에 피어 있는 옥잠화, 장미, 맨드라미꽃을 쑥대밭으로 만들어 놓았다. 안타까운 마음에 어쩔 줄 몰라 허둥대다 넘어졌다. 그사이에 멧돼지가 다가와 바짓자락을 와락 깨문다. 깜짝 놀라 벌떡 일어났다. 두근거리는 가슴은 좀처럼 진정이 되지 않는다. 불길한 일이 생기지나 않을까 하는 걱정이 앞선다.

꽃들이 무사한지 확인해 보려고 마당으로 나갔다. 간밤에 세차게 내리던 비는 그쳤다. 물기 가득 머금은 꽃잎이 바람에 몸을 흔든다. 만발한 꽃들의 얼굴에는 생기가 넘친다. 장미가 눈에 들어온다. 마당 언저리에 장미를 심은 지 몇 해가 지나갔다. 기다리던 장미는 소리 없이 빨간 얼굴을 보여준다. 그 옆에는 붉게 타오르는 수탉의 벼슬 같은 맨드라미가 아침 햇살을 받아 더 붉다.

꽃은 우리에게 희망과 기쁨을 선사한다. 화려한 자태를 뽐내는 꽃에서부터 향기가 천리를 가는 꽃까지 많은 꽃은 우리에게 기쁨을 준다. 시인들은 꽃을 너무나 사랑한 나머지 꽃을 다룬 시가 한두 편 없는 시인은 없다. 정원에는 크고 작은 꽃들이 쉼 없이 피고 진다. 꽃은 시인의 마음과 함께 열리고 닫힌다. 꽃을 놓친 시인의 마음이란 갈 길을 잃은 나그네의 마음과 같다. 봄 오는 일이 꽃이 오는 일이고 시인이 시를 쓰게 하는 마음이다. 봄은 꽃 한 송이 머리에 지고 와서 시인 앞에 한참 동안 서 있다가 가는 계절이다.

정원을 서성거리다 자리를 잡고 앉았다. 여기저기 자라난 잡초를 뽑으며 간밤에 쓸어내린 마음을 진정시켜 본다. 속죄라도 하는 양 고개 숙인 '천사의나팔꽃'이 서걱거리며 바람에 나팔을 분다. 혹심했던 코로나 시절에도 꽃들은 계절에 따라 제 역할을 다했다. 코로나로 멀어진 이웃과 자식을 마음대로 볼 수 없는 현실에서도 꽃의 마음은 따뜻하고 아름다웠다. 꽃은 바이러스를 이겨내고 일상을 바꾸었고 세상을 바꾸었다. 꽃의 마음이 없었다면 세상은 바뀌지 못했을 거다.

인간의 삶은 어떠한가. 영원할 것 같은 젊음도 순간이면 지나간다. 욕심으로 가득 찬 사람들이 자연의 순리를 거역한 탓에 코로나가 창궐했다. 자연의 분노인가. 연일 방송에서 코로나 관련 뉴스로 화면을 가득 채웠다. 주위에서 들리는 농담이 슬펐다. 주변에 코로나 걸린 사람 없으면 친구가 없는 거라며 수다스럽게 이야기한다. 괜한 말이 아닌 것 같다.

핸드폰 소리가 요란하게 울린다. 흙 묻은 손으로 전화를 받았다. 딸아이가 다급한 목소리로 도움 요청을 해왔다. 코로나로 인해 손자들이 다니는 학교가 휴교에 들어갔다는 것이다. 아이들만 집에 둘 수 없으니 오후 비행기로 보내겠다는 일방적인 통보다. 간밤에 멧돼지가 쫓아오더니 손자들을 돌봐야 하는 신세가 되었다. 아이들의 반찬은 어른들이 먹는 음식과 다르다. 무엇을 해주어야 할지 마음만 바쁘다. 언론매체에서나 들어본 원격수업은 어떻게 하는 것인지 모르겠다. 불안이 밀려온다.

불안도 잠시 잠든 손자들의 모습을 보니 근심은 금세 사라지고 없다. 걱정 없는 아이들은 쌕쌕거리며 깊은 잠에 빠져 있다. 내일부터는 할머니가 아니라 엄마처럼 손자들을 돌봐야 한다. 다른 날보다 유난히 하루가 바쁘게 흘러간다. 손주들과 보내는 시간은 겉으로 드러나는 것보다 훨씬 의미가 깊다. 아이들과 함께 있는 집안은 웃음꽃이 활짝 피고 정원에서 꽃들은 시기하듯 꾸벅꾸

벅 졸고 있다.

예전에 만들어 두었던 작은 모래 놀이터가 이제야 주인을 만났다. 아이들이 모래성을 쌓았다가 부수기를 반복하고 선을 그어 서로 자기 영역이라 우겨댄다. 그 모습이 궁금한지 나비 한 마리가 주위를 뱅뱅 맴돈다. 아이들의 넘치는 에너지에 깜짝 놀랄 수밖에 없다. 코로나로 인하여 내려온 손자들이 일상을 흔드는 작은 행복을 선물한다.

정원에 있는 꽃나무 중에 멋있고 예쁘게 생긴 것을 골랐다. 한 사람씩 이름을 써서 달아 주니 자기들 꽃이라고 무척 좋아한다. 앙증맞은 손으로 물을 주면서 말한다. 쑥쑥 자라 예쁜 꽃을 많이 피우게 해달라고 주문한다. 재잘거리는 소리가 아침잠을 깨우는 참새 소리 같다. 흙, 바람, 새소리를 듣고 사랑이 가득한 아이로 컸으면 좋겠다. 시끌벅적하던 시간은 어김없이 흘러갔다. 손자들은 돌아가고 예전처럼 단둘이 남았다. 석류나무 아래도, 작은 모래 놀이터에도 햇살 가득 드는 잔디밭에도 아이들 웃음소리만 남아있다.

행복은 멀리 있는 것이 아니었다. 내 안에 존재하는 것이며 마음먹기에 따라 행복과 불행은 함께한다. 행복은 한곳에 머물러 있지 않는다. 아리스토텔레스는 인간이 사는 목적은 행복 때문이라고 했다. 물론 우리가 생각하는 세속적 행복과는 거리감이 있지만, 아리스토텔레스는 행복을 그 자체로 추구해야 한다고 생각했다.

아침 햇살이 스며드는 창가의 따뜻한 느낌도, 친구와 나누는 짧은 대화에서의 웃음도 모두가 행복한 시간이다. 멧돼지가 와락 물었던 꿈은 나에게 작은 행복을 안겨주려고 꾸었던 좋은 꿈이었다. 어린 손자들과 보낸 시간은 인내와 성찰이 시간이기도 하였다. 여전히 코로나는 끝날 기미가 보이지 않는다.

코로나가 1년 넘게 일상을 망가뜨릴 거라고는 예상하지 못했다. 처음에는 불편했으나 서서히 익숙해졌다. 사람들은 고독을 해소하기 위해 사람들을 만나고 수다를 떤다. 외로움이 잠깐 찾아왔지만 이제 두렵지도 않다. 고독은 원래 인간의 모습이 아닌가. 집에 머무는 시간이 길어지게 되니 잡다한 물건들을 모아 나눔을 했다. 비움을 통해 일상을 정돈해 본다. 비움은 '무소유'의 정신을 실천하는 일이라는 생각이 절로 든다.

하루의 일과 중 오전은 정원에서 보낸다. 멀리서 백합이 그윽한 향기를 뿜어내며 다가온다. 가는범꼬리, 초롱꽃, 백일홍이 코로나가 기승을 부려도 아랑곳하지 않고 저 홀로 피었다. 정원에서 보내는 시간이 많아진 만큼 꽃밭은 더 풍성해졌다.

비가 오락가락하더니 서쪽 하늘이 서서히 붉게 물들기 시작한다. 아름다운 무지개가 피었다. 곱게 피어난 무지개처럼 코로나 바이러스도 사라질 것 같다. 방학이 되면 멧돼지 꿈을 꾸지 않아도 아이들이 다시 내려올 것이다. 정원에는 온갖 꽃들이 자신만의 색깔과 향기를 품고 있다. 세상을 힘들게 하는 질병으로부터 벗어나 행복을 찾아 떠나는 길손처럼 자신들의 향기를 천리 밖으로 보내고 있다. 하얀 나비 한 마리가 이꽃 저꽃 위를 맴돌다 어딘가로 날아간다.

하얀 운동화

뜨거운 여름을 맞이하는 7월이다. 40여 년 동안 틀에 박힌 공직 생활을 하다가 마침내 자유를 얻었다. 쉼 없이 앞만 보고 달려온 시간이다. 퇴임식을 마치고 아쉬운 마음을 뒤로하며 사무실을 나섰다. 평소 가까이 지내던 후배 직원들이 배웅하며 쇼핑백 하나를 건네준다. 하얀 운동화와 '행복하세요.'라는 편지가 들어 있었다.

이제 자연인이라는 또 다른 이름으로 살아가야 한다. 인생 2막이 올랐으니 욕심 없는 삶을 살아보고 싶다. 일상에서 소소한 즐거움을 찾고, 그동안 못한 독서와 여행을 하면서 새로운 삶을 누리고 싶다. 지금까지 쌓은 삶의 내공으로 세상을 바라보는 안목이 조금만 더 여유로웠으면 한다. 하늘 향해 두 팔 벌려 크게 신고식을 한다. '나는 자연인이다.' 새 운동화를 신고 힘차게 걸어본다.

오랜 시간 억압되고 구속된 틀에 박힌 생활을 했으니, 자유를 충분히 누릴 자격이 있지 않은가.

자유란 무엇이고, 자유로운 삶이란 무엇일까. 이런 고전적인 질문에 대해 사람들은 다양한 답을 한다. 모든 인간은 자유를 원한다. 자유로움은 모든 인간이 추구하는 본질적인 가치이다. 누군가는 '자유가 아니면 죽음을 달라'고 했지만, 이런 해방된 느낌이 그동안 입고 있던 무겁고 답답한 옷을 벗어버리고 새로운 옷을 입고 의지대로 살 수 있으니 얼마나 좋은 일인가.

매 순간 자기 생각과 행동과 삶의 주체로 살아갈 힘, 여태 경험하지 못한 입장과 시선에서 세상을 바라볼 수 있는 눈으로 삶의 방식을 꿈꾸어 왔다. 이 능력으로 유일무이함과 무한한 가능성을 깨닫고, 겪어 보지 못한 낯선 세상을 경험할 수 있을 것이다. 이런 생각을 할 수 있다는 것 자체가 새로운 삶을 위한 출발선에 서게 되었다는 증거이다. 가슴은 설레고 어딘가로 달려가고 싶다.

어릴 때 아버지가 선물해 준 운동화가 있었다. 삼색 줄에 생고무 창이라 어찌 보면 촌스럽기까지 했지만, 오랫동안 그 신발을 신고 다닌 이유는 오직 발이 편해서라는 이유 때문이다. 생각해 보면, 지난 삶은 편한 대로 무사안일의 삶을 살아왔다. 인간관계도 마찬가지였다. 긴 시간 동안 직장 생활을 하면서 무수히 많은 사람을 만났다. 그중에 상처만 주고 잠시 머물다 떠난 사람도 있고, 또 누군가는 지금까지 남아 정겨운 사람이 되어 있기도 하다.

한때는 인맥을 넓혀 보려고 헛웃음을 짓기도 했다. 그저 편한 신발을 신고 하루하루 지내는 안락함에 익숙해져서 현재에 안주하면서 지내 왔다.

후배들이 건네준 하얀 운동화는 나를 좋은 곳으로 데려다줄 것 같다. 운동화를 보니 기쁨과 슬픔이 교차하던 지난 시간이 주마등처럼 아른거린다. 꿈을 가득 안고 출근을 손꼽아 기다렸던 소녀가 있었다. 소녀의 꿈과 소망은 얼마 지나지 않아 일상의 잡다한 일들로 무너지기 시작했다. 화살이 도망치듯 사라지는 무정한 세월 속에서 나날이 이어가는 직장 생활이 계속되었다. 오직 빨리 달리는 것만이 삶의 전부인 것으로 여겨졌다.

인생이라는 것이 빨리 달리는 것보다는 천천히 여유롭게 걸으면서 주변을 살피는 것이 훨씬 아름다운 것일 수 있는데, 왜 옛날에는 그걸 몰랐을까. 사람마다 가는 길도 다르고 사는 방식도 다르지만 누구에게나 인생길은 하나이다. 누구는 달려야 하지만 누구는 걸어야 할 것이고, 어떤 구간은 달려야 하고 어떤 구간은 걸어야 하겠지만, 무조건 달려야 하는 삶이 무슨 큰 의미가 있는 것이었을까. 어디로 가는지도 모른 채 그냥 하루하루 숨만 쉬며 열심히 살아오면서 엄청난 꿈이 있는 것처럼 살아온 것이 아닌가.

속절없이 시간은 흐르고 애송이 공무원이 어느덧 일선 행정의 최고책임자가 되어 고향으로 돌아왔다. 책상 위에 놓인 검은 명패에 새겨진 이름 석 자를 보니 가슴이 두근거렸다. 막중한 책임감을 느끼며 온 힘을 다해 봉사하겠다는 다부진 각오를 했다. 퇴근길에 운동화 한 켤레를 구입했다. 며칠이 되지 않아 과거 직장에서 함께 근무하던 상사가 지역을 열심히 순찰하라며 운동화를 또 한 켤레 선물로 보내왔다. 운동화를 신고 마을 구석구석을 돌아다니다 보니 운동화를 좋아하는 읍장이라고 금세 소문이 났다. 굽 높은 구두를 버리고 운동화를 신고 다니면서 민원을 해결해 주는 나를 보는 주민들의 눈길이 달라졌다. 믿음으로 이해하고 격려해 주는 주민들이 있어 하루가 즐겁게 지나갔다.

태풍 '나리'가 내습했을 때가 생각난다. 한밤에 무슨 한이 그리 많은지 한꺼번에 쏟아내는 물 폭탄이 정말 무서웠다. 운동화를 신고 비상 순찰을 하였다. 배수로가 막힌 도로는 이미 바다를 이룬 지 오래다. 급한 마음에 무작정 차에서 내려 배수로 퇴적물을 치웠다. 한참을 치우다 보니 하얀 운동화는 사라지고, 형체를 가름하기 힘든 흙투성이 운동화가 되었다. 며칠 신어보지도 못한 운동화는 그렇게 나와 작별했다. 가는 곳마다 복구 작업을 빨리해달라는 주민들의 호소가 귀에서 떠나지 않았다. 수확 시기를 앞두고 큰 피해를 보았으니, 농민들의 마음이 얼마나 애가 탔을까. 힘든 주민들 사이에서 동분서주하던 생각이 새롭다. 지금까지도 나를 믿고 격려해 주신 고향 분들이 고맙기만 하다. 마음 졸이며 진행했던 힘든 일들도 소중히 간직하고 싶은 기억이고 추억이 되었다.

청춘과 함께 웃고 울었던 정든 공직 생활을 퇴직했지만, 지금도 고향마을에 가면 "하얀 운동화 여성 읍장 왔다."고 반겨준다. 주민들로부터 받았던 사랑이 보석처럼 반짝거리고 행복했던 일들은 무지개처럼 피어난다. 마음은 풍선처럼 부풀어 별빛 가득한 하늘로 둥둥 떠다닌다.

이제 운동화를 신고 어디로 걸어가 볼까. 길을 나서는 발걸음이 새털처럼 가볍다. 후배들이 푸른 희망처럼 선물해 준 운동화를 신고 꽃길만 걸어가야겠다. 그 길에 어떤 꽃들이 피어날지 아직은 알 수가 없다. 그래도 새로운 시간에 대한 꿈과 희망을 안고 열심히 걸어가야 한다. 가다가 돌부리에 걸려 넘어지면 잠시 쉬어가면 될 일이다. 가슴속에 피어나는 작은 꽃씨들을 열심히 피워내어야 한다. 열심히 가꾸고 보살피다 보면 알찬 열매가 맺을 것이다. 오늘 저녁노을이 붉게 물들어 넘어가는 것은, 내일 아침에 떠오르는 태양을 마중하기 위해서이다. 하얀 운동화를 신고 달려갈 내일의 시간을 꿈꾸어 본다.

작품 해설

|작품 해설|

생성과 소멸, 꽃으로 읽는 세상
– 오금자의 수필 세계

허상문(문학평론가, 영남대 명예교수)

1. 꽃과의 내통을 통한 세상 읽기

수필가 오금자가 수필집『꽃이여, 떠나지 마라』를 상재한다. 수필집의 제목이 시사하듯이 작품을 읽다 보면 무엇보다 우리의 시선을 끄는 것은 작가가 꽃과 나무를 통하여 인생과 세상의 모습을 읽어내고 있다는 사실이다. 오랜 세월 동안 꽃은 인간의 감정과 상상을 자극해 오면서 사랑의 상징이며 기쁨을 주는 선물이었다. 인류 문명이 이루어진 이래 인간은 꽃을 통하여 아름다움과 감동을 주고받아 왔고, 사람들의 예술적 감성과 상상력을 진화하는 데도 커다란 역할을 해 왔다.

오금자 수필이 '꽃'과 '나무'의 이미지로 가득 찬 것은 식물이 지닌 여러 속성을 문학적으로 표현하고자 하는 작가의 의도이기도 하지만, 꽃과 나무의 생태가 인생과 세상을 은유하기에 더없이 적합하기 때문이기도 하다. 그동안 꽃과 나무가 수행하는 문학적 상상력의 수원水源으로서의 역할은 매우 지속적이고도 견고한 것이었다. 작가가 바라보는 꽃의 의미는 일차적으로 그 아름다움과 덧없음에의 탐색으로 문학적 상상력의 핵심에 놓인다. 여기에 더해 작가는 생성과 소멸에 대한 깨달음을 통해 인생과 세상의 질서를 새롭게 이해하고자 한다. 예컨대 자작나무를 바라보는 작가의 시선을 따라가 보자.

> 자작나무숲으로 들어가면 나무들만 있는 것은 아니다. 그 속에는 무수한 생명이 태어나고 죽음을 맞이한다. 작은 씨앗이 땅에 떨어져 나무와 풀이 자란다. 새들은 둥지를 틀고, 동물들은 새끼를 낳고 기른다. 숲은 생명의 탄생과 성장의 장소로 끊임없는 에너지를 불어넣어 준다. 하지만 죽음을 맞이하는 장소이기도 하다. 세월의 흐름에 나뭇잎은 생기를 잃고, 동물들은 노화로 사라진다. 죽음은 또 다른 생명의 시작이다. 숲은 순환의 고리를 이어가며 살아있던 생명은 다시 흙으로 돌아간다. 숲은 우주의 근원이며 생명과 소멸의 법칙을 가르쳐 준다.
>
> —「자작나무 숲에서」에서

작가는 자작나무 숲에서 '자연과 생명의 순환'을 생각한다. 인간은 욕망과 이기심에 따라 쉽게 자연을 이용하고자 하지만, 나무는 언제나 그 자리에서 인간에 대한 신뢰와 희망을 포기하지 않는다. 계절은 어김없이 흘러가고 다시 돌아온다. 자연에 안겨있던 자작나무처럼 작가의 자연 속 나무에 대한 믿음은 뿌리 깊다. 그리하여 "숲은 우주의 근원이며 생명과 소멸의 법칙을 가르쳐 준다."는 사실을 깨닫는다.

오금자는 삶의 동토에서 벗어나기 위해 혹은 인생과 세상에의 깨달음을 위해 꽃과 나무와 은밀한 내통을 한다. 사랑을 위한 내통은 애타고 열렬한 마음에서 출발한다. 이러한 사랑은 은밀하게 이루어질수록 좋다. 사랑이란 실존하는 존재로서 관심과 소통에 근간을 두고 있기 때문이다. 현실의 온갖 세속성과 복잡성에서 벗어나 열린 마음으로 상대를 사랑할 때 그것은 더욱 깊고 열렬해진다. 따라서 꽃과 나무에 대한 작가의 사랑은 "이 번잡한 세상에서 꽃을 만날 수 있는 숲과 정원이 있다는 것은 축복된 일이다. 꽃과 나무가 없어지고 벌과 나비가 사라지는 세상을 상상할 수 없다."(「꽃이여, 떠나지 마라」)고 표현된다. 요컨대 오금자의 꽃과 나무에 대한 지극한 관심은 "꽃은 하나의 생명으로 태어나 이 세상에 간곡한 사랑의 마음을 보여준다. 꽃은 사람처럼 헛된 맹세도 하지 않고 배신도 하지 않는다. 내가 꽃을 사랑하는 것은 말 없는 생명이 지니고 있는 저 간절한 사랑의 마음" ('책머리에')에서 비롯한다.

사랑이 담긴 시선은 꽃을 결핍으로부터 구원한다. 바라본다는 것, 관심을 가진다는 것은 구원을 의미한다. 꽃을 바라보는 시선을 통하여 작가는 타자와 사랑하는 관계를 맺는다. 타자와의 진정한 관계는 가까움을 전제로 한다. 꽃은 가까이 있지만, 그 사이에는 거리가 놓여 있다. 거리의 제거는 가까움을 더욱 키워 꽃과 대화를 나누고 그들을 통해 인생과 세상의 깊은 의미를 얻어 낸다.

수많은 봄날이 우리 곁에 다가왔다 사라지지만 아무도 기억하지 않는 꽃들과 교감하면서 사랑을 나누는 사람은 드물다. 꽃들은 잠시 이 세상에 나타났다가 없어지지만 우리 곁에 항상 존재한다. 잠시에서 영원으로 이어지는 꽃들로부터 삶에 대한 아픔, 희망, 사랑 같은 의미를 불러내고자 하는 사람이야말로 진정한 시인이며 작가이다. 어둠 속에서 빛을 찾아내고, 절망에서 희망을 노래하는 진짜 작가는 부재에서 존재 증명을 이루는 사람이다. 오금자는 찬란한 아침 햇살과 함께 피어나는 꽃의 생성과 저무는 들판에 내리는 노을과 함께 지는 꽃의 소멸을 읽어내는 작가이다. 그의 눈과 마음에는 진정으로 문학과 세상을 사랑하는 심성이 담겨 있다.

오금자의 수필에 나타나는 '꽃'과 '나무'의 목록은 작품 전체를 지배하고 있는 상징이며 은유이다. 작품집에 나타나는 수련 · 수선화 · 이팝나무 · 안개꽃 · 달맞이꽃 · 벚꽃 같은 '꽃'의 세목들과,

자작나무 · 팽나무 · 감귤나무 · 겨울나무 같은 '나무'의 세목들은 일일이 열거하기 어려울 정도다. 이 꽃들의 모습은 작품 전체를 관통하는 중심 심상으로 자리하고 있다. 작품에서 꽃은 인생과 세상을 은유하는 심상으로 전개되면서 그 편재적 내연을 넓히고 있다. 꽃은 생태적 자연 사물이기도 하지만 인생과 세상을 드러내는 상징적 제재이다. 말하자면 오금자의 작품에서 꽃은 어떤 상징으로 전화되는 관념적 사물로서 존재할 뿐 아니라 인생과 세상의 도저한 의미를 밝히고자 하는 심상으로 기능한다.

2. 꽃이 피는 일, 꽃이 지는 일

자연에는 항상 변화가 일어나고 있으며 그 내부에는 생성과 소멸이란 질서가 내재하고 있다. 특히 꽃과 나무는 이런 양면적 의미를 가지고 있다. 그들은 삶과 죽음, 기쁨과 슬픔, 희망과 절망이라는 등가적 구조로 이루어져 있기 때문이다. 꽃은 오랜 세월 동안 인간의 기쁘고 슬픈 감정을 표현하거나 전달해야 할 때 중요한 역할을 해왔다. 이런 안팎의 양면적 질서 속에서 삶과 세상의 의미를 깨닫기 위해 작가들은 피어나고 사라지는 꽃을 자신들 곁에 잡아 놓기 위해 애썼다.

꽃은 피어 있을 동안의 아름다움과 함께 결국은 소멸해야 한다는 한시성의 심상을 지닌다. 언젠가는 필연적으로 낙화하면서 생을 마감해야 하는 꽃은 삶의 덧없음 혹은 존재자의 죽음을 은유한다. 이러한 두 원형적 심상을 연결하면, 꽃이 맞는 개화의 아름다움의 절정은 낙화의 순간에 완전히 소멸한다. 결국 꽃의 아름다움은 개화와 낙화 사이에서 생성과 소멸의 순간을 맞게 된다. 누가 부르지 않아도 꽃은 피고 지듯이 우리네 삶 또한 그런 대자연의 운행 법칙에 따라 생과 사의 섭리가 자연스레 이루어진다. 『꽃이여, 떠나지 마라』에서 작가의 이런 인식은 여러 작품에서 드러난다.

> 아픔이 없는 삶은 없다. 슬픔이 때로는 너무 크고 깊어서 시간이 멈추어 주길 바란 적도 있었다. 아프다는 것은 살아 숨쉬고 있다는 증거인 동시에 더 강하게 자신을 달구는 일이다. 모든 것이 휘어지고 부러지고 떨어져 나갈지라도 뿌리를 내린 땅에서 살아가야 한다. 끝없이 방황하며 척박한 땅에서 뿌리를 내리고 꽃을 피우는 민들레처럼 나의 삶도 강철로 거듭 태어날 수만 있다면 얼마든지 아파도 좋다. 하늘과 푸르게 눈맞춤을 할 수 있는 것은 희망을 포기하지 않았기 때문이다.
>
> ―「민들레 가는 길」에서

화자는 매우 경건한 태도로 민들레의 삶을 바라본다. 어떤 존재자의 삶에도 가벼움과 무거움이 별개로 있는 것은 아니다. 화자는 민들레의 삶에 깊은 연민을 보내는 동시에 그의 거룩한 생명력에 외경을 보낸다. 꽃은 잠시 피어나는 존재이지만 마지막 순간까지 자신의 존재를 위해서 아픔과 슬픔을 감내한다. "끝없이 방황하며 척박한 땅에서 뿌리를 내리고 꽃을 피우는 민들레"이지만 길거리에 핀 이 꽃이 얼마나 거룩한 생명의 아름다움을 지니는 존재인가를 작가는 상징적으로 보여준다. 작가가 보여주는 민들레의 작은 생명과 소멸의 과정이야말로 덧없는 우리의 삶을 여실하게 보여주는 과정이 아닐 수 없다.

이렇게 꽃이 피고 지는 모습은 삶의 가장 경건한 은유로 현시되고 있다. 오금자의 눈에 포착되는 개화와 낙화는 순차적이고 단선적인 생물적 과정이 아니라 우주의 순환적인 생명 질서 안에서 서로를 존재케 하는 특성을 보인다. 개화와 낙화는 무수히 반복되는 생성과 소멸의 현상이고, 이것은 곧 인간의 삶과 죽음의 과정을 보여주는 것이기도 하다. 작가의 이런 세계관은 많은 작품에서 나타나고 있다.

> 바람이 분다. 흔들리지 않으려고 몸을 꼿꼿이 세워 보았다. 날아가지 않으려고 옷깃을 여미어 본다. 바람 앞에서는 언제나 속수무책이었다. 아무리 몸부림을 쳐도 바람은 사정없이 나를 흔들어댔다. 그러나 바람은 바람일 뿐, 결국 고요해지고 사라질 거다. 흔들릴지언정 떨어져서는 안 된다. 절망에 빠지고 어둠 속을 헤

매어도 가라앉지는 않아야 한다. 바람 부는 산그늘 속에서 저물어갈지라도 더는 슬퍼하거나 절망하지 말자. 속속들이 아픈 상처를 이겨내는 꽃, 아픔이 큰 꽃일수록 더욱 곱고 향기가 나는 법이다. 아픔 속에서 사랑과 행복은 피어난다.

—「복수꽃 피던 언덕」에서

작가는 복수꽃를 통해 자연의 생명 현상과 순환 과정으로서의 꽃이 피고 지는 풍경을 아름답게 그려낸다. 꽃이 피고 지는 것은 외따로 떨어져 나타나는 현상이 아니라 반복적이고 순환적인 자연 질서 속에 함께 이어지는 삶의 모습이며 과정이기도 하다. 또한 거칠고 모진 세상의 바람에 떨지 않으려고 옷을 두텁게 입거나, 바람에 흔들리지 않으려고 몸을 숙이고 큰 나무를 힘껏 붙잡고 선다. 아무리 자신을 흔드는 바람일지라도 한낱 바람일 뿐, 끝내 그 바람은 지나가고 말 것이어서 화자는 이 세상의 풍파를 이겨내고 말 것이라고 다짐한다(「돌아온 제비꽃」). 여기서 우리가 주목할 것은 오금자의 작품에서 거듭 나타나는 '바람'의 이미지이다. 작품에서 '바람'은 거칠고 험난한 '인생'의 다른 이름이라 할 수 있다. 모든 꽃은 자신의 화려함과 아름다움을 과시하며 살아가지만, 삶과 세상의 아픔과 슬픔을 다 삼키고 있다. 꽃이든 인간이든 거친 세상의 풍파에 시달리면서도 자신의 삶을 영위해야 할 운명을 지니고 있다. 그리하여 작가는 꽃이 피고 지는 것을 보면서 인생의 한 장면을 보는 듯하게 느낀다.

모든 꽃은 자신의 화려함과 아름다움을 과시하며 살아가지만, 세상과 인생의 아픔과 슬픔을 다 삼키고 있다. 아무리 화무십일홍花無十日紅이라 하지만 꽃이 피고 지는 것을 보노라면 인생의 한 장면을 보는 듯하다. 그들은 제 삶을 다 마치고 나면 아무리 이름을 불러도 뒤돌아보지 않고 사라진다. 힘들게 피던 순간과 서럽게 떨어지는 영원 사이에서 배회한다. 아무리 손을 잡으며 따라가도 대답하지 않는다. 밤하늘에서 유성이 덧없이 사라지듯이 꽃에는 세상의 아픔과 상처가 잉태되어 있다. 언제나 떠나는 저녁노을처럼 사람도 떠나고 꽃들도 하나둘 떨어진다. 그래서 법정 스님도 "살아있는 것은 아픈 것, 아름다운 것은 어지러운 것"이라고 하지 않았던가.

–「꽃이여, 떠나지 마라」에서

바람과 함께 오금자 수필에 등장하는 또 다른 주요한 이미지는 '노을'이다. "언제나 떠나는 저녁노을처럼 사람도 떠나고 꽃들도 하나둘 떨어"지듯이, 노을은 꽃이 지는 것과 등가의 의미를 갖는다. 작품에 수시로 등장하는 노을은 여러 의미로 해석될 수 있으나 노을은 소멸하는 것에 대한 사랑의 표현이다. "지는 석양을 말없이 바라보다 살아온 시간이 순간임을 알게 된다. 인생길에서 밝음과 어둠이 자리를 바꾸며 나타나고 사라졌다"(「들국화 지는 자리」). 마침내 작가는 말한다. 그 어떤 시련이 닥쳐오더라도 삶은 아름답다는 사실, 살아있다는 사실 자체만으로도 삶은 축복이라는 것을.

『꽃이여, 떠나지 마라』에 등장하는 여러 꽃은 형태적 이미지로는 어떤 결실을 향해 나아가는 과정 중인 '꽃'에 불과할지 모르지만, 작가가 발견한 '꽃'의 의미는 세상의 상처와 결핍이 잉태한 하나의 결과물로 존재한다. 작품에서 꽃은 단순히 관조의 대상으로서의 꽃이 아니다. 작품에 등장하는 꽃의 실체는 영원을 향해가는 존재의 지향, 상처를 이겨내고자 하는 슬픔, 결핍에서 새로운 잉태를 이루고자 하는 일종의 결과물인 셈이다. 그래서 오금자의 작품에서 꽃은 더욱 화려하고 새로운 구원을 향한 간절한 표현물로 드러난다. 작가가 펼쳐낸 꽃의 상상력은 있는 그대로를 드러내는 묘사에 멈춰 있지 않다. 묘사를 넘어서며 나온 꽃의 상상력은 꽃이 갖는 색채와 모양과 향기를 통해 삶과 세상의 이미지를 일구어내고 그들의 관계망 안에 연결해 독자적인 문학적 세계를 구축하고 있다. 그러면서 작가는 화양연화의 시절을 꿈꾼다.

3. 화양연화의 시절을 꿈꾸며

꽃이든 인간이든 모든 존재는 가장 아름다운 시절의 화양연화를 꿈꾼다. 삶이 아무리 힘들고 어려워도 언젠가는 다시 화려하게 꽃 필 날이 온다. 그래서 한 송이 꽃을 피운다는 것은 위대한 일이다. 오금자에게는 인생에서 가장 아름답고 행복한 날은 바로 꽃과 만나는 시간이다. 아름다움과 생명력을 지닌 꽃과의 만남은 가장 행복하고 살아있는 시간이다. 작가에게 꽃을 만나는 시간은 삶이 꽃이 되는 순간이고, 꽃이 삶이 되는 순간이다. 꽃으로 제시된 은유는 감춰진 것을 조심스레 알려주고 내밀한 흔적을 비유적으로 표출한다.

오금자에게 꽃은 삶의 아름다움과 생명력을 동시에 보여주는 도구이다. 우리가 꽃의 심상을 생각할 때 가장 먼저 떠오르는 것은 꽃이 지닌 아름다움과 생명력이라고 할 것이다. 청년 나르키소스가 죽어 환생한 수선화의 이면에는 아름다움에 대한 관념이 선명하게 담겨 있다. '장미' '수선화' '벚꽃' 같은 꽃이 아름다움의 상징으로 적극 쓰이고 있는 것도 이러한 사실을 잘 말해준다. 그런데 여기서 자연은 완전하고 아름다운 외관으로써의 미뿐만 아니라 그 내부에는 생성과 소멸이라는 정연한 질서가 내재되어 있다. 자연이 가진 깊은 아름다움 속에는 생명이 지닌 신비로움과 그에 대한 끊임없는 동경의 마음이 담겨 있는 것이다.

오금자는 꽃의 아름다움과 생명력을 지닌 화양연화의 시절을 통하여 자신의 존재와 삶을 새롭게 인식하고자 한다. 작가는 꽃을 통하여 좀 더 의지적으로 아름다움과 생명력을 지닌 자아로 거듭 깨어나기를 소망한다. 그는 꽃과 나무의 항일성을 주목하면서 식물이 가진 견고한 생태적 원리를 포착해 이 세상과 결합시키고자 한다. 꽃이 이 세상을 더욱 아름답고 생명력 있게 만들기 위해서는 꽃에 대한 새로운 인식이 필요하다. 작가에게 숲과 꽃과의 만남의 시간은 긍정의 시간이다. 작가는 꽃과의 만남, 숲에서의 체험을 이렇게 이야기한다.

> 세상에서 가장 믿음직스럽고 소중한 것은 무엇일까? 인생을 살면서 우리는 마지막 순간까지 누군가를 기다린다. 기다림이 없는 삶은 곧 절망을 의미하는 것이다. 기다림은 지루하고 초조하게 정지된 시간이 아니다. 과거와 미래를 넘나들며 꾸는 꿈이고 희망이다. 새로운 만남과 시작으로 통하는 디딤돌이며 건너야 할 다리이다. 기다림은 더 많이 참을 수 있게 하고, 더 먼 것을 볼 수 있게 한다. 캄캄한 어둠 속에서도 빛을 가져올 수 있게 하는 마음과 같은 것이다.
>
> –「달의 요정 달맞이꽃」에서

> 숲으로 가보았는가. 몇 백 년 묵은 아름드리나무들이 서 있는 숲에 가보라. 건장한 외모와 푸른 모음들, 이 세상에 생명을 불어넣어 준 어머니의 품이다. 푸름을 통해 적층의 세월을 본다. 봄이 오는가 싶더니 세상은 연두색으로 변했다. 지난겨울의 잿빛을 물리치고 봄비가 내리고 산천에는 온통 연두가 밀려왔다. 연두는

어둠과 슬픔을 이겨낼 수 있게 하는 위안의 색이다. 어둠을 넘어선 연두 덕분에 숲은 푸르게 물들어 초록의 시간을 맞이한다. 초록으로 살아 술렁이는 생명의 움직임을 만져본다. 나는 얼마나 살아야 저 연두와 초록의 시간을 함께 나눌 수 있을까.

–「聖 숲 俗」에서

「달의 요정 달맞이꽃」에서 작가는 기다린다는 것은 힘들고 고달픈 일이라는 사실을 보여준다. 과거와 미래를 넘나드는 시간의 기다림은 꿈이고 희망이다. 새로운 만남과 시작으로 통하는 디딤돌이며 건너야 할 다리이다. 기다림은 더 많이 참을 수 있게 하고, 더 먼 것을 볼 수 있게 한다. 「聖 숲 俗」에서 숲은 성스러운 곳이면서 세속적인 곳이다. 자신을 일렁이게 하던 사랑의 순간도, 모든 욕망도 시간의 기억 저편으로 사라질 것이다. 숲을 두근거리고 수런거리게 하는 화자의 물음은 숲을 향한 새로운 존재의 질문이다. 그러면서 화자는 꽃이 피고 새가 울고 초록이 무성한 숲이 될 때까지 새로운 삶을 기다릴 것이라고 다짐한다.

작가는 꽃의 이미지를 빌려 우리의 존재를 은유적으로 표현하기도 하고, 꽃과 함께 그 너머에서 살아 꿈틀거리는 꿈을 꾸기도 한다. 작가는 "죽어가던 겨울나무에도 마침내 잎이 무성해지고 꽃이 피고 새들이 지저귈 것"이라는 믿음을 간직하고(「겨울나무 곁에서」), 수선화를 바라보며 새로운 "생명의 길을 열고 태어난" 존재와 시간의 경로를 따라가고(「수선화의 시간」), 이팝나무를 통해 우리에게 생명과 희망을 주는 '밥'의 의미를 읽고(「이팝나무의 밥상」), 들국화를 통해 노인복지관 급식센터에서 본 노인들의 슬픈 생존을 생각한다(「들국화 지는 자리」). 꽃과 숲을 통하여 이루어지는 이런 작가의 믿음과 공감은 곧 인간과 세상에 대한 사랑으로 이어진다. 그러나 이 세상에서 이런 연민과 사랑의 마음이 갈수록 사라져 간다는 사실이 작가를 슬프게 한다.

오금자의 작품들이 우리에게 던져주는 가장 중요한 메시지는 무엇보다도 우리에게서 꽃을 사랑하는 마음이 사라져 가면서 이 세상을 위한 화양연화의 꿈도 사라져 간다는 사실이다. 과거의 시간에만 매달려 현재와 미래에 다가올 더 찬란한 순간을 놓친다면 이보다 안타까운 일은 없다. 진정한 화양연화는 인생과 세상에 대한 깨우침을 통하여 우리의 삶에 대한 꿈을 새롭게 이루는 데 있다. 과거의 삶을 교훈 삼아 다가올 새로운 화양연화의 시절을 만들 수 있다면 그 시간이 바로 꽃길이 될 것이다. 작가가 꽃과 나무를 통하여 생각하는 것은 어제보다 오늘이, 오늘보다 내일이 더욱 찬란하게 될 것임을 믿는 긍정의 마음이다.

4. 꽃이여, 떠나지 마라

아름답게 피어났던 꽃은 어느 순간 허무하게 떨어진다. 작가는 우리에게 찬란한 봄이 자꾸 사라지고, 꽃이 우리 곁을 떠나고 있다는 사실에 절망한다. 해마다 봄은 쉽사리 오지 않고 조심스레 멀리서 눈치를 살피며 다가온다. 봄꽃들도 숨어있다가 조금씩 숨결을 고르며 어느 날 갑자기 피어났다가 갑자기 사라진다. 그리하여 "우리를 황홀하게 만들던 모든 꽃은 한순간에 떠나 버리고 없다. 초봄에 만난 매화와 진달래, 가을에 피는 국화에 이르기까지 너와 더불어 피고 지던 시간, 노을이 저물어 오는 영마루에 서서 아무리 불러도 대답이 없어라."(「꽃이여, 떠나지 마라」)고 슬퍼한다.

이런 현상들은 인간과 자연의 거리로 인하여 생긴 삶의 위기를 말해주는 것이다. 인간의 욕심과 이기심으로 인해 생명체가 살아남기 어려운 세상이 되어감으로써 생겨난 일들이다. 작가의 말대로, 이 세상이 온통 꽃과 같이 되어 서로를 그리워하고 꿈꾸며 살 수 있다면 이 세상은 얼마나 평화롭고 아름다울까.

세상 모든 일이 그렇듯이, 꽃다운 것은 모두 아름답게 피었다가 허무하게 떨어지기 마련이다. 작가 오금자는 사라져 가는 것들에 대한 마지막 구원을 꽃과 나무에 대한 사랑에서 찾고 있다. 이것은 갈수록 삭막하고 힘들어가는 세상을 위한 작가의 깊은 열망을 말해주는 것이다. 그리하여 작가는 애타는 목소리로 인간과 세상의 생존을 위한 필연적 사유로서의 '생성'과 '소멸'의 의미를 추적고자 하였다.

이 수필집의 마지막 장을 덮으면서, 우리는 작가가 꽃과 나무들과 주고받은 언어가 단순히 자연 사물과의 대화를 위한 것이 아니라, 보다 깊이 있는 마음과 정신을 교류함으로써 다른 존재와 다른 세상으로 나아가기 위한 길을 찾고자 한 것임을 알게 된다. 꽃과 나무를 만나는 아침의 일출과 저녁의 일몰, 삶의 희망과 절망의 끝자락에서 인생과 세상의 의미에 대한 희미한 후광과 같은 깨달음을 경험하게 된다. 이러한 문학적 체험과 성취는 오금자 문학의 미래를 밝고 희망차게 하는 동력이 될 것임이 분명하다.

꽃다운 시절은 영원할 수 없다. 그렇지만 작가는 인생에서든 세상에서든 꽃다운 시절이 영원히 이어지기를 소망한다. 그리하여 절규하듯 외친다. '꽃이여, 떠나지 마라.'

오금자 수필집

꽃이여, 떠나지 마라

인쇄 2024년 11월 15일
발행 2024년 11월 20일

지은이 오금자
발행인 서정환
펴낸곳 수필과비평사
주소 서울시 종로구 삼일대로 32길 36(익선동 30-6 운현신화타워) 305호
전화 (02) 3675-3885 (063) 275-4000 · 0484
팩스 (063) 274-3131
이메일 essay321@hanmail.net
출판등록 제300-2013-133호
인쇄·제본 신아출판사

ISBN 979-11-5933-552-5 03810
값 16,000원

Printed in KOREA

*이 책은 제주특별자치도와 제주문화예술재단의 2024년도 제주문화예술지원사업 후원을 받아 발간되었습니다.